Geert Keil   Willensfreiheit und Determinismus

Es ist in der Philosophie der Gegenwart üblich geworden, das Problem von Willensfreiheit und Determinismus in zwei Teilprobleme aufzuspalten. Das *traditionelle Problem* lässt sich durch die Entweder-oder-Frage »Freiheit oder Determinismus?« ausdrücken. Diese Frage direkt beantworten heißt, entweder die Existenz der Willensfreiheit zu verteidigen und den Determinismus zu leugnen oder umgekehrt. Dagegen betrifft das *Vereinbarkeitsproblem* die Frage, ob Freiheit und Determiniertheit einander ausschließen oder nicht.
Viele Philosophen meinen, dass wir auch in einer naturgesetzlich determinierten Welt einen freien Willen haben können. Ob sie recht haben, hängt unter anderem davon ab, was mit der Rede vom »freien Willen« überhaupt gemeint ist.
Geert Keil bietet einen Überblick über den Stand der Debatte, führt in die einschlägige Begrifflichkeit ein, diskutiert die wichtigsten Argumente – und gibt am Ende auch prägnante Antworten auf die aufgeworfenen Fragen.

Geert Keil, geboren 1963, ist Professor für Philosophie an der Humboldt-Universität Berlin. Buchpublikationen u. a.: Handeln und Verursachen (2000); Was können wir wissen, was sollen wir tun? (Hg., zus. mit Herbert Schnädelbach und Heiner Hastedt, 2009); Quine (2011); Willensfreiheit (2012).

Grundwissen Philosophie

Willensfreiheit und Determinismus

von
Geert Keil

Reclam

Wissenschaftlicher Beirat der Reihe
Grundwissen Philosophie:

Prof. Dr. Hartmut Böhme
Prof. Dr. Simone Dietz
Prof. Dr. Detlef Horster
Prof. Dr. Geert Keil
Prof. Dr. Ekkehard Martens
Prof. Dr. Barbara Naumann
Prof. Dr. Thomas Schmidt
Prof. Dr. Herbert Schnädelbach
Prof. Dr. Ralf Schnell

RECLAM TASCHENBUCH Nr. 20329
Alle Rechte vorbehalten
© 2009 Philipp Reclam jun. GmbH & Co. KG, Stuttgart
Reihengestaltung Grundwissen Philosophie:
Gabriele Burde
Umschlagabbildung vorn: © Charlie Chaplin in
»Modern Times« (1936)
Umschlagabbildung hinten: © privat
Satz: Steffi Glauche, Leipzig
Druck und Bindung: Reclam, Ditzingen
Printed in Germany 2014
RECLAM ist eine eingetragene Marke
der Philipp Reclam jun. GmbH & Co. KG, Stuttgart
ISBN 978-3-15-020329-3

Auch als E-Book erhältlich

www.reclam.de

Inhalt

Vorwort 7

Die Freiheitsdebatte: Begriffe, Probleme, Positionen 10

Was ist Willensfreiheit? 21

Was ist Determinismus? 35

Das Vereinbarkeitsproblem 57

Libertarische Freiheit: Wir können auch anders 73

Keine Strafe ohne Schuld, keine Schuld ohne freien Willen? 92

Willensfreiheit: Zehn Thesen 107

Anmerkungen 119

Kommentierte Bibliografie 123

Schlüsselbegriffe 133

Zeittafel 136

Vorwort

Diese Einführung baut auf meiner 2007 im Verlag de Gruyter erschienenen Monografie *Willensfreiheit* auf. Ich danke dem De-Gruyter-Verlag für die freundliche Erlaubnis, Material aus jenem Buch erneut verwenden zu dürfen. Der hier vorliegende deutlich kompaktere Text richtet sich in erster Linie an Studenten, stellt aber auch in Rechnung, dass das Thema »Willensfreiheit und Determinismus« ein weit über die akademische Philosophie hinausreichendes Publikum anspricht.

Es gibt bekanntlich kein philosophisches Problem, so kompliziert es auch sein mag, das nicht, wenn man es nur richtig angeht, noch komplizierter würde. So verhält es sich auch mit dem Problem von Willensfreiheit und Determinismus. Auf den ersten Blick besteht es aus einer einfachen Entweder-oder-Frage: Ist der menschliche Wille frei oder ist er determiniert? Hält man sich an diese Frage, wäre bloß noch festzustellen, ob der Determinismus wahr ist, und das Freiheitsproblem wäre gelöst.
Ein solches Vorgehen hat durchaus etwas für sich. Schließlich gibt es genügend philosophische Freiheitsbücher, die diejenigen Leser enttäuscht zurücklassen, denen die Frage »Freiheit oder Determinismus?« wirklich auf den Nägeln brennt. Anstelle einer Antwort erfährt der Leser, dass sich die Frage nicht beantworten lasse, dass sie naiv, veraltet oder falsch gestellt sei und dass es »das« Freiheitsproblem ohnehin nicht gebe. Von der akademischen Philosophie muss der enttäuschte Leser sich oft noch sagen lassen, er müsse sich eben abgewöhnen, die falschen Fragen zu stellen. Die Fachphilosophie erteilt solche Ratschläge allerdings nicht aus bösem Willen. Sie mutet dem Leser lediglich zu, was sie

selbst hinter sich hat. Viele Philosophen haben das Studium ihres Faches mit brennenden, bisweilen existenziellen Fragen begonnen und haben dann die besagte Erfahrung gemacht: Je gründlicher man über ein Problem nachdenkt, desto komplizierter wird es. Das Freiheitsproblem ist ein klassisches Beispiel dafür. Man zieht erwartungsfroh aus, erhält keine einfachen Antworten und wird darüber kleinmütig.

Die Komplikationen bei der trügerisch einfachen Frage, ob der menschliche Wille frei oder determiniert sei, ergeben sich aus dem Umstand, dass geklärt werden muss, was genau unter »Freiheit des Willens« und was unter »Determinismus« verstanden wird. Nimmt man diese Aufgabe in Angriff, so stellt sich schnell heraus, dass weitere Begriffsklärungen erforderlich sind: Versucht man genauer anzugeben, was Willensfreiheit ist, so stößt man auf Begriffe wie »Entscheidung«, »So-oder-anders-Können«, »alternative Möglichkeiten« und »Handeln aus einem Grund«. Die Präzisierung der Determinismusthese erfordert die Bestimmung des Sinns von »Kausalität«, »Naturgesetz«, »Notwendigkeit« und »Zufall«.

Die Schwierigkeiten erschöpfen sich aber nicht in der Klärungsbedürftigkeit von Begriffen. Hat man sich beispielsweise für eine Erläuterung der These des Determinismus entschieden und wendet sich der Frage zu, ob die These wahr ist, so stößt man bald auf die Schwierigkeit, dass sie offenbar nicht ohne Weiteres überprüfbar ist. Wenn sie nicht überprüfbar ist, kann man weiter fragen, ob es vielleicht vernünftig ist, die Wahrheit des Determinismus zu *unterstellen*. Viele Philosophen resignieren allerdings an dieser Stelle und lassen das Problem auf sich beruhen. Damit geben sie auch die Ausgangsfrage auf, ob der menschliche Wille frei oder determiniert sei, und ersetzen sie durch die neue Frage, ob Freiheit und Determinismus vereinbar seien. Das *Vereinbarkeitsproblem* hat mittlerweile das traditionelle Freiheitsproblem aus der fachphilosophischen Diskussion weitgehend verdrängt.

Dieses Buch versucht, einen Mittelweg zu beschreiten: Geht man direkt auf die Frage zu, ob der Wille frei oder determiniert sei, so gelangt man nur zu oberflächlichen Antworten. Verfolgt man die philosophische Freiheitsdebatte durch alle Verästelungen und Komplikationen, so verliert man leicht die Fragen aus dem Auge, die man ursprünglich klären wollte. Diesem Buch liegt die Auffassung zugrunde, dass eine Klärung der »großen« Fragen trotz aller Komplikationen nicht aussichtslos ist. Ich werde das Terrain sondieren, einen Überblick über den Stand der Debatte geben, einschlägige Begriffe klären, die wichtigsten Argumente untersuchen – und am Ende auch prägnante Antworten auf die ursprünglichen Fragen vorschlagen.

Die Freiheitsdebatte:
Begriffe, Probleme, Positionen

Es ist in der Philosophie der Gegenwart üblich geworden, das Problem von Willensfreiheit und Determinismus in zwei Teilprobleme aufzuspalten. Das *traditionelle Problem* lässt sich durch die Entweder-oder-Frage »Freiheit oder Determinismus?« ausdrücken. Diese Frage direkt beantworten heißt, entweder die Existenz der Willensfreiheit zu verteidigen und den Determinismus zu leugnen oder umgekehrt. Dagegen betrifft das *Vereinbarkeitsproblem* die Frage, ob Freiheit und Determiniertheit einander ausschließen oder nicht. Dass sie es tun, ist eine stillschweigende Voraussetzung des traditionellen Freiheitsproblems. Wenn diese Voraussetzung irrig sein sollte, löst sich das traditionelle Problem auf, denn dann kann der menschliche Wille ja zugleich frei und determiniert sein. Die Lehre der Vereinbarkeit nennt man *Kompatibilismus*. Die Gegenposition, der *Inkompatibilismus*, tritt in zwei Varianten auf: Die *harten Determinis007* halten den Determinismus für wahr und leugnen die Existenz der Willensfreiheit. Die *Libertarianer* oder *Libertarier* sehen es spiegelbildlich: Der Wille ist frei, der Determinismus ist falsch.
Diese drei Standardpositionen lassen sich in folgendes Schema eintragen:

Der Wille ist	frei	unfrei
determiniert	Kompatibilismus (weicher Determinismus)	Inkompatibilismus I (harter Determinismus)
nicht determiniert	Inkompatibilismus II (Libertarismus)	

Im Lager des Kompatibilismus gibt es noch eine wichtige Differenzierung, die in diesem Schema nicht zum Ausdruck kommt: Klassische Kompatibilisten halten den Determinismus für wahr, und manche von ihnen meinen sogar, dass Freiheit die Wahrheit des Determinismus *erfordert* (David Hume, Moritz Schlick, R. E. Hobart). Diese Position kann man auch als *deterministischen Kompatibilismus* bezeichnen. Andere Kompatibilisten dagegen bleiben bezüglich des Determinismus indifferent, da sie die Frage nach dessen Wahrheit schlicht für irrelevant halten. Diese Position, prominent vertreten durch Peter Strawson, kann man *agnostischen Kompatibilismus* nennen.

Einige Außenseiterpositionen werden im Schema nicht erfasst.
- In jüngerer Zeit vertretene *freiheitsskeptische* Positionen behaupten, dass Willensfreiheit weder in einer deterministischen noch in einer indeterministischen Welt existiert. Damit gehen sie noch über den harten Determinismus hinaus. Freiheitsskeptikern zufolge wäre für die Willensfreiheit auch dann nichts gewonnen, wenn der Determinismus falsch wäre.
- Das Gegenstück dazu ist die Auffassung, dass Freiheit sowohl mit dem Determinismus als auch mit dem Indeterminismus vereinbar ist. Diese Position ist dem agnostischen Kompatibilismus sehr ähnlich.
- Der *epistemische Indeterminismus* argumentiert, dass Freiheit die Nichtvoraussagbarkeit der eigenen Entscheidungen aus der Perspektive der ersten Person erfordert, nicht hingegen deren tatsächliche Indeterminiertheit.
- Der *Semikompatibilismus* ist eine Position, die durch das eminente Interesse an Fragen der moralischen Zurechnung und strafrechtlichen Verantwortung motiviert ist. Semikompatibilisten behaupten nur die Vereinbarkeit von Determinismus und moralischer Verantwortlichkeit, nicht jedoch die von Determinismus und Willensfreiheit.

Das Schema weist neben seiner Unvollständigkeit noch eine andere Schwäche auf: Es erweckt den Eindruck, die Kompatibilisten hielten genau dieselben Phänomene für vereinbar, die die Inkompatibilisten für unvereinbar hielten. Dieser Eindruck ist trügerisch, denn beide Lager legen typischerweise nicht denselben Freiheitsbegriff zugrunde. Inkompatibilisten operieren mit einem stärkeren Freiheitsbegriff als Kompatibilisten. Im Zentrum der inkompatibilistisch verstandenen Willensfreiheit steht das Vermögen, sich unter gegebenen Bedingungen so oder anders zu entscheiden. Demgegenüber sprechen Kompatibilisten schon von Freiheit, wenn eine Entscheidung ohne äußeren Zwang zustande kommt. Beide Lager sprechen von »Freiheit« und »Determinismus«, aber sie meinen Verschiedenes damit. Diejenige Art von Freiheit, die Kompatibilisten für mit dem Determinismus vereinbar halten, ist *nicht* das libertarische So-oder-anders-Können unter gegebenen Umständen. Die Vereinbarkeits- und die Unvereinbarkeitsbehauptung beider Lager gelten also nicht für dieselben Phänomene.

Dieser Umstand spricht dafür, neben dem traditionellen Problem und dem Vereinbarkeitsproblem noch ein *drittes Freiheitsproblem* zu unterscheiden. Was zwischen Kompatibilisten und Inkompatibilisten vor allem umstritten ist, ist nicht die Vereinbarkeit als solche, sondern zunächst die Frage, *welche Art von Freiheit* auf ihre Vereinbarkeit mit dem Determinismus zu prüfen ist. Die »starke«, libertarische Freiheit passt auch nach Auffassung der meisten Kompatibilisten nicht in eine deterministische Welt. Dies sei aber kein Verlust, da diese Art von Freiheit illusionär und nicht einmal erstrebenswert sei.

Noch seltener wird bemerkt, dass es auch im Verständnis der Determinismusannahme gravierende Unterschiede gibt. So vertreten die klassischen Kompatibilisten Thomas Hobbes, David Hume und John Stuart Mill einen *psychologischen* Determinismus, der schwächer ist als der moderne physikalische Determinismus, welcher eine alternativlose Festlegung

des Weltlaufs durch Naturgesetze behauptet. Es liegt auf der Hand, dass die Vereinbarkeitsthese umso plausibler ist, je schwächer die zugrunde gelegten Begriffe der Freiheit und des Determiniertseins sind. Die übliche Gliederung der Debatte in kompatibilistische und inkompatibilistische Theorien ist also sachlich problematisch. Gleichwohl halte ich in dieser Einführung aus Gründen der Tradition und der Darstellungsökonomie an ihr fest.
Die traditionelle Frage »Freiheit oder Determinismus?« ist in der Philosophie der Gegenwart sehr unpopulär. Die Freiheitsdebatte kreist, wie bereits erwähnt, schon seit einigen Jahrzehnten um das Vereinbarkeitsproblem, welches das traditionelle Problem aus der fachphilosophischen Diskussion weitgehend verdrängt hat. Sich auf die Frage zu beschränken, ob der Determinismus mit der Freiheit vereinbar ist oder nicht, und offenzulassen, ob der Determinismus material wahr ist, erscheint vielen Philosophen attraktiv. Agnostische Kompatibilisten argumentieren, dass wir mit einem Freiheitsbegriff, der mit dem Determinismus vereinbar ist, auf der sicheren Seite seien. Selbst wenn der Determinismus sich als wahr herausstellen sollte – und darüber habe nicht die Philosophie zu entscheiden, sondern die Physik –, müssten wir unsere Auffassungen über die Freiheit nicht ändern.
Diese Argumentation ist jedoch in zweierlei Hinsicht verfehlt. Zum einen ist nicht ausgemacht, dass die Frage nach der Wahrheit des Determinismus eine rein physikalische Frage ist. Vermutlich ist sie eine metaphysische Frage, was man daran sieht, dass, wiewohl ihre Behandlung physikalisches Wissen erfordert, empirische Tatsachen die Antwort unterbestimmt lassen. Das heißt nicht, dass sie keiner vernünftigen Behandlung zugänglich wäre. Auch wenn metaphysische Fragen sich nicht empirisch entscheiden lassen, könnten einige von ihnen sich *unter Zuhilfenahme empirischen Wissens vernünftig* entscheiden lassen – das ist ein subtiler Unterschied, der leicht übersehen wird.

Die andere Fehlannahme der besagten kompatibilistischen Argumentation ist, dass wir unsere Freiheit vor Widerlegung geschützt haben, wenn wir sie nicht zu anspruchsvoll verstehen. Welche Art von Freiheit wir tatsächlich besitzen, hängt aber davon ab, wie wir und die Welt beschaffen sind, nicht davon, mit welcher *Doktrin* die Freiheit vereinbar ist. Und sollte die Aufgabe einer philosophischen Freiheitstheorie wirklich darin bestehen, auf der sicheren Seite zu bleiben? Sollte die Philosophie nicht eher im Verbund mit den anderen Wissenschaften herauszubekommen versuchen, wie es um die Willensfreiheit wirklich bestellt ist?

Es gibt in der neueren philosophischen Freiheitsdebatte bemerkenswert wenig Diskussionen über den genauen Sinn der Determinismusthese und noch weniger über die Frage ihrer Wahrheit. Viele Autoren, beispielsweise Peter Bieri, begnügen sich mit einem vagen Vorverständnis von »naturgesetzlicher Determination« und »kausaler Bedingtheit« und halten die »Details« für nicht weiter von Belang.[1] Diese Nonchalance wird verständlich, wenn man in Rechnung stellt, dass die meisten Teilnehmer der Debatte agnostische Kompatibilisten sind. Eine Präzisierung der Determinismusthese scheint in der Tat entbehrlich, wenn man die Frage nach der Wahrheit des Determinismus als für die Willensfreiheit irrelevant ansieht. Der deterministische Kompatibilist hingegen, für den die Freiheit den Determinismus erfordert, sollte sich durchaus für den genauen Sinn der Determinismusthese interessieren. Erst recht gilt dies für den Inkompatibilisten.

Agnostische Kompatibilisten verbinden oft ein vages Vorverständnis von Determinismus mit einer naturalistischen Grundorientierung: Es gehe überall in der Welt mit rechten Dingen zu, es gebe keine Wunder, wir hätten nicht die Fähigkeit, Naturgesetze abzuändern, der cartesianische Dualismus sei unhaltbar und das Nähere klärten die Naturwissenschaften. Dieser naturalistische Grundkonsens müsste doch genügen, um den Kompatibilismus zu motivieren. Er genügt aber nicht. Ob wir die Freiheit kompatibilistisch oder inkompatibilistisch auffassen sollten, hängt davon ab, *womit genau* sie vereinbar oder nicht vereinbar sein soll: Damit, dass alles in der Welt mit rechten Dingen zugeht? Damit, dass die Körperwelt kausal geschlossen ist? Dass Personen und ihre Handlungen Teil der natürlichen Welt sind? Dass das Kausalprinzip ausnahmslos gilt? Dass es neuronale Determinanten des Verhaltens gibt? Dass der Weltlauf Naturgesetzen unterliegt, die wir nicht abändern können? Dies sind viele Möglichkeiten, die mehrheitlich nur eine lose Verbindung zum Determinismus haben. Und die Antwort auf die Vereinbarkeitsfrage muss nicht in jedem Fall gleich ausfallen.

Der neurowissenschaftlich inspirierte Teil der Freiheitsdebatte krankt ebenfalls daran, dass der genaue Sinn von Behauptungen wie »Verhalten ist neuronal determiniert« oder »Das Gehirn ist ein deterministisches System« kaum jemals geklärt wird. Auch dort begnügt man sich mit einem vagen Vorverständnis von Determiniertheit oder neuronaler Bedingtheit und hält es für ausgemacht, dass das zentrale Merkmal des starken, emphatischen Freiheitsbegriffs – das Anderskönnen unter gegebenen Bedingungen – sich damit erledige. Ob dies tatsächlich der Fall ist, ist aber alles andere als klar. Möglicherweise ist diejenige Art von Determiniertheit, die mit der Freiheitsannahme im Konflikt liegt, eine sehr spezielle, sodass der genaue Sinn der Determinismusthese sehr wohl eine Rolle spielt.

Um diesen Sinn zu klären, muss man sich mit den Begriffen des Naturgesetzes, der Kausalität und der Notwendigkeit beschäftigen. Die entsprechenden wissenschaftstheoretischen Diskussionen finden jedoch in der Gegenwartsphilosophie meist außerhalb der Freiheitsdebatte statt. Dagegen enthält diese Einführung ein eigenes Kapitel zum Determinismus und macht damit diese Aufspaltung rückgängig. Dafür spricht, um es zu wiederholen, dass immerhin drei der Standardpositionen – nämlich Libertarismus, harter Determinismus und deterministischer Kompatibilismus – auf eine Klärung der Determinismusthese angewiesen sind. In erster

Annäherung besagt die These des universalen Determinismus, dass der gesamte Weltlauf durch Anfangsbedingungen und Naturgesetze ein für alle Mal fixiert, also alternativlos festgelegt wird. Was genau das bedeutet, bedarf der Klärung.

Ich werde in diesem Buch die These vertreten, dass es sich bei der libertarischen Freiheitsauffassung nicht eigentlich um einen philosophischen Ismus handelt, sondern um eine gewöhnliche Auffassung des gesunden Menschenverstandes, die wir alle teilen, soweit wir nicht durch kompatibilistische Philosophie verbildet sind. Die meisten Nichtphilosophen, die zum ersten Mal von der Auffassung hören, dass der Wille zugleich frei und streng determiniert sei, halten dies für absurd. Kompatibilismus ist eine typische Philosophentheorie und dasselbe gilt für den Determinismus. Niemand, der nicht davon in Büchern gelesen hätte, würde den universalen Determinismus für wahr halten. Niemand käme auf den Gedanken, dass seit Menschengedenken und darüber hinaus feststeht, wie viele Millisekunden er sich am nächsten Tag die Zähne putzen wird oder welchen Wortlaut die Titelseite der *Süddeutschen Zeitung* vom 13. Mai 2024 haben wird. Dass niemand im »wirklichen Leben« an den Determinismus glaubt, ist natürlich kein besonders starkes Argument. Unbefangene Alltagsmeinungen sind häufig wahr, manchmal aber auch falsch. Der Determinismus könnte trotz seiner Unplausibilität wahr sein.

Die Intuition gegen den Kompatibilismus ist ebenso einfach und naheliegend wie die gegen den Determinismus. Wenn der universale Determinismus wahr wäre, wäre der Weltlauf ein für alle Mal festgelegt. Es gäbe an jedem Punkt nur *eine* Möglichkeit des weiteren Verlaufs. Wie sollte es in einer solchen Welt etwas für uns zu entscheiden geben? Das Vermögen der freien Entscheidung wäre eine Selbsttäuschung oder eine Façon de parler. Die Zukunft wäre kein offener Raum von Möglichkeiten, sondern durch vergangene Zustände und Naturgesetze alternativlos determiniert. Dass alternative Möglichkeiten bestehen müssen, wenn Menschen frei entscheiden können sollen, hält der Inkompatibilist für eine Selbstverständlichkeit.

Die vorphilosophischen Intuitionen zugunsten des Indeterminismus und des Inkompatibilismus treten noch deutlicher hervor, wenn man berücksichtigt, wie wir gewöhnlich über Handlungen sprechen. Wenn wir zu anderen oder zu uns selbst sagen:»Das hättest du nicht tun sollen«, dann unterstellen wir, dass dies auch möglich gewesen wäre. Aus dem Sollen *folgt* vielleicht nicht das Können, aber ohne das Können sind solche Vorhaltungen unsinnig. Wenn die Person in der gegebenen Situation nicht hätte anders handeln können, scheint jeder Vorwurf gegenstandslos zu sein.

Verschiedene Philosophen, unter ihnen Aristoteles und Immanuel Kant, waren der Auffassung, dass das Merkmal des So-oder-anders-Könnens schon in den Handlungsbegriff eingebaut ist. Man kann das technisch so ausdrücken, dass Anderskönnen und Unterlassbarkeit *analytische Komponenten* des Handlungsbegriffs sind. Aristoteles sagt in diesem Sinne:»Wo das Tun in unserer Gewalt ist, da ist es auch das Unterlassen.«[2] Und Kant sekundiert, dass »die Handlung sowohl als ihr Gegentheil in dem Augenblicke des Geschehens in der Gewalt des Subjects sein«[3] muss. Entsprechendes wird in der analytischen Handlungstheorie des 20. Jahrhunderts behauptet. Dass dort nicht mehr unablässig von Willensfreiheit und Determinismus die Rede ist, erklärt sich der finnische Philosoph Georg Henrik von Wright so, dass unsere gewöhnliche Rede über Handlungen das Freiheitsmerkmal des Anderskönnens schon einschließe.[4] Wenn Aristoteles, Kant und von Wright recht haben, dann implizieren bereits unsere gewöhnlichen Handlungsbeschreibungen eine starke Freiheitsannahme, nämlich das Vermögen des So-oder-anders-Könnens. Es gehört dann zum Begriff des Handelns, dass Akteure das Vermögen haben, sich in einer gegebenen Situation für oder gegen die Handlung zu entscheiden. Begriffliche Implikationen wären freilich kein regelrechter

Freiheitsbeweis, aber sie verschöben immerhin die Beweislast zuungunsten des Freiheitsleugners. Er müsste dann erklären, wie es zu einer derart tiefsitzenden, in unsere gewöhnliche Zuschreibungspraxis eingebauten Annahme kommen konnte, die gleichwohl eine systematische Täuschung sein soll.

Ob unsere gewöhnliche Rede über Handlungen und Entscheidungen das So-oder-anders-Können impliziert, ist aber gerade umstritten. Viele Kompatibilisten argumentieren, dass das Anderskönnen unter identischen Umständen das wundersame Vermögen erfordern würde, Naturgesetze oder die Vergangenheit zu ändern. Diese Behauptung wird zu prüfen sein; vorerst habe ich nur die begriffliche These referiert, dass So-oder-anders-Können keinen »starken« Freiheitsbegriff ausdrücke, sondern nichts anderes bedeute, als überhaupt handeln zu können. Die Alternative dazu ist die Behauptung, dass wir in jedem Augenblick immer nur etwas naturgesetzlich Vorausbestimmtes tun können. *Das* ist in der Tat eine starke These.

Aufgabe der Philosophie in der Freiheitsdebatte kann es nicht sein, die libertarische Imprägnierung unserer gewöhnlichen Rede über Handlungen und Entscheidungen wegzuinterpretieren. Ebenso wenig ist es aber die Aufgabe der Philosophie, einem begrifflichen oder psychologischen Befund die Weihen metaphysischer Notwendigkeit zu verleihen. Vielmehr sollten wir uns folgende Frage vorlegen: *Steht irgendetwas, was wir wissenschaftlich oder philosophisch wissen, dieser Freiheitsunterstellung entgegen?* Natürlich steht ihr, wenn der Inkompatibilismus recht hat, die *Doktrin* des Determinismus entgegen. Die Frage ist aber, ob ihr auch *Tatsachen* entgegenstehen, empirische oder begriffliche.

Dass wir im Alltag zum Nichtdeterminismus und zum Inkompatibilismus neigen, steht im scharfen Kontrast zu der Tatsache, dass die libertarische Freiheitsauffassung in der Philosophie der Gegenwart die Auffassung einer Minderheit ist. In manchen Kreisen gilt sie gar als exotische Auffassung unbelehrbarer Dualisten, die jedenfalls mit einem naturwissenschaftlichen Weltbild unverträglich ist. Auch im deutschen Sprachraum stellen die Kompatibilisten die erdrückende Mehrheit (unter anderem Ansgar Beckermann, Peter Bieri, Jürgen Habermas, Achim Lohmar, Michael Pauen, Ernst Tugendhat, Henrik Walter, Marcus Willaschek). Diese Konstellation ist erklärungsbedürftig. In der Tat stehen den oben genannten libertarischen Intuitionen andere gegenüber, die ebenfalls plausibel scheinen. Diese Gegenposition ist um die Überzeugung zentriert, dass die libertarische Freiheitsauffassung mit einem naturwissenschaftlichen Weltbild unverträglich sei. Sie lässt sich durch folgende Thesen skizzieren:

universeller Determinismus:

- Alles in der Welt geht mit rechten Dingen zu. Niemand kann Naturgesetze abändern, es gibt keine Wunder, keine übernatürlichen Eingriffe, keine immateriellen Seelensubstanzen, die in die Körperwelt hineinwirken.
- Die Körperwelt ist kausal geschlossen, jedes Ereignis hat physische Ursachen, auch wenn wir diese nicht immer kennen.
- Neben der Kausalität zwischen Ereignissen gibt es keine zweite Art von Kausalität.
- Selbst wenn die Wissenschaft den Determinismus nicht beweisen kann, ist doch die ausnahmslose Geltung des Kausalprinzips eine unerlässliche Voraussetzung wissenschaftlicher Forschung.
- Insbesondere ist nicht zu verstehen, wie es ein Anderskönnen unter identischen Umständen geben können soll. Dass jemand unter exakt denselben Umständen, also doch wohl aufgrund exakt derselben Überlegung, auch das Gegenteil dessen hätte tun können, was er tatsächlich getan hat, widerspricht nicht nur dem Determinismus, sondern würde Handlungen und Entscheidungen unerklärlich und irrational machen.

Diese Liste enthält gewichtige Einwände gegen den Libertarismus. Die Einwände machen allerdings die zuvor angeführten Intuitionen nicht gegenstandslos, sondern stellen ihnen andere gegenüber. Damit liegt eine Konstellation vor, die für philosophische Probleme typisch ist: Es gibt eine Reihe von plausiblen vortheoretischen Auffassungen über eine Sache, die einander widersprechen, also nicht zugleich wahr sein können. Eine philosophische Problemanalyse hat dann die Aufgabe, diese Vormeinungen zu sortieren, zu präzisieren und von irreführenden oder missverständlichen Anteilen zu befreien – in der Hoffnung, dass die Widersprüche sich als scheinbare erweisen und eine konsistente Gesamtdarstellung möglich ist.

Was ist Willensfreiheit?

Während die Freiheit in aller Munde ist, ist »Willensfreiheit« ein philosophischer Fachausdruck geblieben, für den es im Alltag keine rechte Verwendung gibt. Wo ohne weiteren Zusatz von Freiheit die Rede ist, sind fast immer politische Freiheiten gemeint. Das gilt für den Schlachtruf der Französischen Revolution, »Freiheit, Gleichheit, Brüderlichkeit«, für Rousseaus »Der Mensch ist frei geboren, und überall liegt er in Ketten«, für Slogans wie »Keine Freiheit den Feinden der Freiheit«, »Freiheit statt Sozialismus« oder »Die Freiheit stirbt zentimeterweise«.

In vielen Kontexten heißt »frei« so viel wie »ungehindert«. Der Begriff des Ungehindertseins ist so allgemein, dass er auch die politische Freiheit, das freie Spiel der Marktkräfte und den freien Fall eines Steines umfasst. Danach trennen sich die Wege der verschiedenen Freiheitsarten. Um die verschiedenen Arten und vielleicht auch Begriffe der Freiheit zu sortieren, empfiehlt es sich zu fragen, *wer oder was* jeweils frei genannt wird, *wovon* jemand frei ist und *wozu*.

Wer oder was ist frei? Im Falle der Willensfreiheit wird der Wille eines Menschen »frei« genannt. Alternativ und vielleicht angemessener lässt sich der Mensch selbst *als wollender* »frei« nennen. Wovon ist der Mensch frei und wozu? Diese Doppelfrage verweist auf die Unterscheidung zwischen negativer und positiver Freiheit. Als negative Freiheit wird die Freiheit *von* etwas bezeichnet. Straffreiheit, Steuerfreiheit, Sorgenfreiheit oder Schmerzfreiheit sind negative Freiheiten. Positive Freiheit ist die Freiheit *zu* etwas. Politische Freiheiten wie Reisefreiheit, Niederlassungsfreiheit, Versammlungsfreiheit und Redefreiheit sind Beispiele dafür. Auf den zweiten Blick ist der Unterschied weniger klar, als die Redeweise über »von« und »zu« nahelegt. Ist die Pressefreiheit die Freiheit, zu drucken, was man will, oder die Freiheit von Zensur? Offenbar drückt der Unterschied der Präpositionen eher eine Perspektivendifferenz aus als zwei wohlunterschiedene Arten von Freiheit. An einer Handlung lassen sich sowohl ihr positives Ziel und die ausgeübte Fähigkeit als auch die abwesende Hinderung hervorheben.

In der Philosophie wird die Willensfreiheit häufig von der Handlungsfreiheit unterschieden. Letztere wird als die Freiheit bestimmt, das zu tun oder zu lassen, was man will. Handlungsfreiheit besitzt man, wenn man nicht durch äußeren Zwang daran gehindert wird, seinen Willen in die Tat umzusetzen. Die politischen oder bürgerlichen Freiheiten wie Pressefreiheit und Reisefreiheit sind Unterarten der Handlungsfreiheit. Willensfreiheit ist etwas anderes. Während unsere Handlungsfreiheit durch die jeweiligen tatsächlichen Optionen begrenzt ist, scheint dies für die Willensfreiheit nicht zu gelten. Wer eingesperrt ist, kann viele Dinge nicht tun, die er gern tun würde, aber er verliert dadurch nicht das Vermögen, sich seinen Willen zu bilden. Ebenso wenig verliert er dieses Vermögen, wenn er sich über das Ausmaß seiner Handlungsoptionen täuscht. Jemand könnte, so ein Beispiel von John Locke, in seinem Zimmer sitzen und sich dazu entschließen, den Raum durch die Tür zu verlassen. Dass die Tür ohne sein Wissen verschlossen wurde, beeinträchtigt seine Bewegungsfreiheit, nicht aber seine Willensfreiheit.

Aber was genau ist Willensfreiheit? Der Sinn der Frage, ob der Wille frei sei, versteht sich nicht von selbst. Wenn Handlungsfreiheit die Freiheit ist, zu tun, was man will, könnte Willensfreiheit analog die Freiheit sein, zu wollen, was man will. Willensfreiheit zu besitzen müsste dann die Fähigkeit einschließen, etwas anderes zu wollen, als man tatsächlich will. Es ist jedoch, wie Ernst Tugendhat eingewandt hat, »nicht ohne weiteres klar, was mit dieser Frage, ob man auch anders hätte wollen können, eigentlich gemeint ist«[5]. Ist gemeint, dass man sich aussuchen kann, was man will, dass man also aktuell auch etwas anderes wollen könnte, als man tatsächlich gerade will? Ein solcher Begriff der Willensfreiheit ist von vielen Philosophen kritisiert worden. Nach Arthur Schopenhauer kann der Mensch tun, was er will, nicht aber wollen, was er will.[6] Gottfried Wilhelm Leibniz führt an, der Wille könne sich nur auf das Handeln richten, nicht auf das Wollen, denn »sonst könnte man auch sagen, wir wollen den Willen haben, zu wollen, und das würde ins Endlose fortgehen«[7]. Thomas Hobbes, John Locke und Bertrand Russell haben ähnlich argumentiert.

Weniger merkwürdig als die Frage, ob man wollen kann, was man will, klingt die Frage, ob wir frei *wählen* oder frei *entscheiden* können. »Willensfreiheit« wird in der Philosophie weitgehend gleichbedeutend mit »Entscheidungsfreiheit« und »Wahlfreiheit« gebraucht. Offenbar geht es bei der Freiheit des Willens nicht um die Wahl einer ersten Regung oder Neigung, sondern um eine spätere Phase. Entscheidungen stehen am Ende eines Willensbildungsprozesses, nicht am Anfang. Sinnvoll verstanden erfordert Willensfreiheit *nicht* die Fähigkeit, seine gegenwärtigen tatsächlichen Wünsche, Neigungen oder Vorlieben anders sein zu lassen, als sie nun einmal sind. Das kann schon deshalb niemand, weil niemand Aktuelles anders sein lassen kann, als es ist. Unsere Fähigkeiten richten sich immer auf die Zukunft, nicht auf die Vergangenheit und genau genommen auch nicht auf die Gegenwart. (Bei näherer Betrachtung zerfällt ja jede vermeintlich gegenwärtige Zeitspanne in vergangene und zukünftige Teile.)

Viele unserer Neigungen und Wünsche haben wir uns nicht selbst ausgesucht. Es wäre töricht, dies zu leugnen. Bei der Willensfreiheit muss es um die Frage gehen, was mit Wünschen und Neigungen, die wir in uns vorfinden, weiter geschieht. Wie wird aus ihnen eine Entscheidung und schließlich eine Handlung? Setzen sich Wünsche und Neigungen gleichsam automatisch in Handlungen um, oder haben wir die Möglichkeit, innezuhalten, sie zu prüfen und uns gegebenenfalls von ihnen zu distanzieren? Bilden *wir* aus dunklen Ursprüngen eine handlungswirksame Absicht und entscheiden uns, oder stoßen uns Absichten und Entscheidungen einfach zu, so wie die ersten Neigungen und Wünsche uns zustoßen? René Descartes und John Locke haben in der Fähigkeit, innezuhalten und die eigenen Wünsche noch einmal zu prüfen, den wesentlichen Zug der menschlichen Willensfreiheit gesehen. Dabei ist nicht die Fähigkeit gemeint, das aktuell *nicht* Gewollte handlungswirksam zu machen, also wider seinen Willen zu handeln. Gemeint ist vielmehr die Fähigkeit, eine gegebene Motivlage *nicht* unmittelbar handlungswirksam werden zu lassen. Vorhandene Wünsche oder Antriebe setzt ein Mensch nicht natur- oder vernunftnotwendig in die Tat um, vielmehr bleibt er weiteren vernünftigen Gründen zugänglich und hat stets die Fähigkeit, weiterzuüberlegen und sich umzuentscheiden. Es spricht einiges dafür, die Frage nach der Natur dieses Vermögens des Innehaltens und der Neubesinnung ins Zentrum der Willensfreiheitsdebatte zu stellen, auch wenn man dies dem Wort »Willensfreiheit« nicht ansieht.

Ich werde in diesem Buch für einen *fähigkeitsbasierten* Begriff der Willensfreiheit plädieren. Ein solcher Begriff hat in der Philosophiegeschichte einige Vorbilder. Wenn Kant vom Menschen als einem »freihandelnden Wesen« spricht, das etwas »aus sich selber macht, oder machen kann und soll«[8], hat er humanspezifische Fähigkeiten im Auge. Auch an der folgenden Stelle bestimmt er Freiheit als Vermögen: »Der Wille des Menschen ist frey, bedeutet so viel als: die Vernunft hat ein Vermögen über den Willen und die anderen Vermögen und Neigungen.«[9] Demgegenüber stellt die von Neurowissenschaftlern bevorzugte Frage, welche seiner Entscheidungen ein Mensch als frei empfindet und warum, einen Themenwechsel dar. Wenn Freiheit primär ein Vermögen ist, dann trifft die Frage, ob einzelne Handlungen oder Entscheidungen frei sind, nicht den Kern der Sache. Den entscheidenden Punkt hat Kant klar benannt: Eines Vermögens geht man nicht dadurch verlustig, dass die Ausübung im Einzelfall schwerfällt oder misslingt. Was das Vermögen der freien Wahl betrifft, kennt Kant nur zwei Ausnahmen: Bei kleinen Kindern ist das Vermögen noch nicht ausgeprägt, im Fall einer schweren psychischen Störung kann es verloren gegangen sein.[10] In allen anderen Fällen, also bei leidlich gesunden Erwachsenen, ist das Vermögen vorhanden. Ob und inwieweit ein Mensch faktisch davon Gebrauch macht, liegt dann in seiner eigenen Verantwortung. Die Frage, ob der menschliche Wille frei ist, nimmt dann die Form an, ob Menschen ein bestimmtes, näher zu charakterisierendes Vermögen besitzen.

Dies ist im Wesentlichen auch das Bild des deutschen Strafrechts. Die Schuldfähigkeit eines Täters wird im Artikel 20 des Strafgesetzbuchs genau dann verneint, wenn er »unfähig ist, das Unrecht der Tat einzusehen oder nach dieser Einsicht zu handeln«. Wenn der (mindestens vierzehn Jahre alte) Täter Einsichts- und Steuerungsfähigkeit besaß, genügt dies für seine Schuldfähigkeit. Ob er von diesen beiden Fähigkeiten im Einzelfall Gebrauch gemacht hat, interessiert nicht. Es genügt, dass sie vorhanden waren. Wenn er sie nicht aktualisiert hat, richtet sich der Vorwurf darauf, dass er sie hätte aktualisieren *sollen*.

Den menschlichen Willen frei zu nennen heißt also vernünftigerweise nicht, eine psychologisch gehaltvolle Aussage über einzelne Willensbildungsprozesse zu machen. Wäre »frei« primär ein Attribut von faktischen Willensbildungs- oder Entscheidungsprozessen, so wäre in jedem Einzelfall zu ermitteln, ob irgendwelche Faktoren die freie Willensbildung beeinträchtigt haben und in welchem Ausmaß. Nun zählen für viele Autoren auch Gewohnheiten und Routinen zu den Faktoren, die die Willensfreiheit einschränken. Es müsste also die psychologische Frage beantwortet werden, welchen Anteil Gewohnheiten an einem bestimmten Willensbildungsprozess hatten. Der Psychologe Wilhelm Wundt soll einmal gesagt haben, Menschen seien bei drei Vierteln ihrer Handlungen Automaten. Nach der hier vertretenen Auffassung sind diese quantitativen Fragen aber für die Willensfreiheitsdebatte ohne Belang. Freiheit wird hier als ein komplexes Vermögen gesunder Menschen im Vollbesitz ihrer geistigen Fähigkeiten verstanden, nicht als Attribut einzelner Willensbildungsprozesse. Ein Vermögen büßt sein Träger nicht schon dadurch ein, dass er es im Einzelfall nicht ausübt.

Einem fähigkeitsbasierten Freiheitsbegriff steht allerdings noch ein sprachliches Hindernis entgegen. »Frei« kann im Wortsinne nicht als Attribut einer Fähigkeit oder eines Vermögens gebraucht werden. Grammatisch ist es also nicht korrekt, Freiheit als Fähigkeit zu bezeichnen. Dagegen lässt sich der *Ausübung* des Vermögens das Prädikat »frei« zuschreiben, wie auch den *Trägern* des Vermögens, beispielsweise Menschen.

Schon die Substantivierung des Verbs »wollen« zu einem »Willen« birgt ja Fallstricke. Wer etwas will, übt dabei ein Vermögen aus. Dieses Vermögen oder dessen Ausübung zu einem Ding namens »Wille« zu vergegenständlichen, dem dann bestimmte Eigenschaften, gar seinerseits Fähigkeiten zugeschrieben werden, verschiebt die Aufmerksamkeit von der wollenden Person zu einer Instanz in ihr. Wenn angenommen wird, dass in Wirklichkeit nicht wir es sind, die etwas wollen oder tun, sondern etwas in uns, eben der Wille, sind philosophische Rätsel vorprogrammiert. Andererseits erscheint es aussichtslos, die Substantivierung einfach verbieten zu wollen. Aus Traditionsgründen halte ich in diesem Buch an der Bezeichnung »Willensfreiheit« fest, behalte mir aber vor, das Attribut »frei« auf anderes als den Willen anzuwenden, beispielsweise auf die wollende Person, insofern sie bestimmte Fähigkeiten hat.

Wir müssen dem Ausdruck »Willensfreiheit« den bestmöglichen Sinn geben. Dazu schlage ich Folgendes vor: Eine philosophische Freiheitslehre hat einen positiven und einen negativen Teil. Im positiven Teil wird das fragliche Vermögen charakterisiert – beispielsweise als das komplexe Vermögen, praktische Überlegungen anzustellen, bestehende eigene Wünsche zu prüfen und gegebenenfalls zu suspendieren und das Ergebnis dieses Abwägungsprozesses handlungswirksam werden zu lassen. Es bedarf für die Willensfreiheit nicht nur eines Spielraums von offenen Möglichkeiten, sondern auch bestimmter Fähigkeiten. Diese müssen zum vorhandenen Spielraum noch hinzukommen. Andernfalls würde für den Libertarier jeder nicht naturgesetzlich determinierte Vorgang im gleichen Sinne als frei zählen. Hier steht aber die *Willens*freiheit zur Debatte, und um diese zu besitzen, muss ein Wesen zunächst einmal ein Vermögen namens Willen haben.

Der positive Teil einer Freiheitslehre bestimmt also das fragliche Vermögen. Den Menschen nennen wir »frei«, wenn und insofern er dieses Vermögen besitzt. Zum anderen muss dieses Vermögen in die Welt passen. Die physische Welt darf nicht so sein, dass die Ausübung dieses Vermögens unmöglich wäre. Dafür ist der negative Teil einer Freiheitslehre zuständig, in dem es um das Merkmal des Ungehindertseins geht. An diese Stelle gehört auch die Unvereinbarkeitsbehauptung des Libertariers: Nur insofern der Weltlauf nicht deterministischen Verlaufsgesetzen unterliegt, gibt es für freie Wesen einen Spielraum, in dem sie ihr Vermögen ausüben können.

Um welches Vermögen genau handelt es sich nun? Wenn es bei der Willensfreiheit, wie es oben hieß, nicht um das Vermögen geht, seine ersten Neigungen oder Regungen zu wählen, sondern darum, was mit diesen Regungen weiter geschieht, erscheint der Vorschlag plausibel, die *Bildung des Willens* als dasjenige anzusehen, was »frei« genannt wird. Neigungen setzen sich nicht von allein in die Tat um, zwischen ihnen und Handlungen liegen die Willensbildung und die Entscheidungsfindung. Dieser Prozess kann entweder frei oder unfrei, also gehindert oder ungehindert, ablaufen. Gottfried Seebaß hat Willensfreiheit entsprechend als »hinderungsfreie Willensbildung« bestimmt.[11]

> **Echte Fähigkeiten:** schließen das Vermögen ein, bestimmte Hindernisse zu überwinden

Doch bei näherer Betrachtung passt dieser Vorschlag nicht zu einem fähigkeitsbasierten Freiheitsbegriff. Eine Fähigkeit der hinderungsfreien Willensbildung kann es schon deshalb nicht geben, weil es kein Vermögen gibt, keinen Hinderungen ausgesetzt zu sein. Dass keine Hindernisse vorhanden sind, ist nichts, was in unserer Macht stünde. Gesucht ist vielmehr ein Vermögen, das wir auch dann noch haben, wenn Hindernisse vorhanden sind. Wir besitzen kein Vermögen, nicht gehindert zu werden, wohl aber solche, die wir *angesichts* von Hindernissen ausüben können. Es bleibt also noch eine Möglichkeit, einen fähigkeitsbasierten Freiheitsbegriff mit dem Gattungsbegriff der Hindernisfreiheit zu verknüpfen, und diese Möglichkeit sollten wir ergreifen: Willensfreiheit ist die *Fähigkeit zur hindernisüberwindenden Willensbildung.* Das von Locke beschriebene Vermögen des Innehaltens und Prüfens bildet eine Komponente oder eine Spezifikation dieser Fähigkeit.

> *Definition von Keil*

Man kann den positiven Fähigkeitsaspekt und den negativen Aspekt des Ungehindertseins auch terminologisch trennen und den Freiheitsbegriff für Letzteren reservieren. So erklärt Hobbes, dass es dem Akteur nur im Falle äußerer Hindernisse an Freiheit fehle, im Falle innerer Hindernisse dagegen an Vermögen.[12] Dann aber fügt Hobbes beide Aspekte doch wieder zusammen: Frei werde derjenige genannt, der nicht daran gehindert werde, willentlich zu tun, was er vermag.[13] Auch im hier vorgeschlagenen fähigkeitsbasierten Begriff der hindernisüberwindenden Willensbildung sind beide Aspekte vereinigt. Mein Argument dafür ist, dass es schon zum *Begriff* einer Fähigkeit gehört, dass sie in typischen Realisierungsbedingungen auch ausgeübt werden kann. Jede Fähigkeitszuschreibung ist implizit auf bestimmte Umstände bezogen. Wer zu etwas fähig ist, ist in der Lage, es unter bestimmten Umständen zu tun.

> *Hobbes*

> ⚠️

Echte Fähigkeiten schließen im Unterschied zu passiven Dispositionen das Vermögen ein, bestimmte Hindernisse zu überwinden. Eine Fähigkeit, die sich unter bestimmten Be-

> *echte Fähigkeiten vs. passive Dispositionen*

28 Es gehört zum Begriff der Fähigkeit, dass sie in typischen Realisierungsbedingungen auch ausgeübt werden kann.

dingungen gleichsam automatisch aktualisiert, wäre von einer Disposition wie Wasserlöslichkeit oder Zerbrechlichkeit nicht zu unterscheiden. Wird Zucker in Wasser geworfen, muss er nichts aktiv tun, er löst sich von selbst auf beziehungsweise wird vom Wasser aufgelöst. Menschen, die eine Fähigkeit ausüben, müssen hingegen stets etwas hinzutun, damit das Fragliche geschieht. Tun kann man aber nur, was nicht schon von selbst geschieht, und in diesem anspruchslosen Sinn schließt das Tun das Überwinden bestimmter Trägheitsmomente oder Hindernisse ein. Bei den für die Willensfreiheitsdebatte besonders wichtigen Fähigkeiten der Selbststeuerung und Selbstbeherrschung wird die Relativierung auf bestimmte typische Bedingungen sehr deutlich: Die Fähigkeit der Selbstbeherrschung zeigt sich gerade darin, dass sie unter widrigen Bedingungen ausgeübt wird – eben unter solchen, in denen Selbstbeherrschung erforderlich ist.

Allerdings muss, wer zu hindernisüberwindender Willensbildung fähig ist, nicht *jedes* Hindernis überwinden können. Manche Umstände sind derart, dass sie die Ausübung der Fähigkeit unmöglich machen oder sogar die Fähigkeit selbst beeinträchtigen. Deshalb muss ein fähigkeitsbasierter Freiheitsbegriff auf *typische* Hindernisse bezogen werden. Im Einzelfall, beispielsweise bei einem psychisch kranken Sexualstraftäter, ist die schwierige Frage zu entscheiden, welche Hindernisse der Täter nicht überwinden *konnte* und welche er nicht überwinden *wollte*. Nur die ersteren schränkten seine *Fähigkeit* zur Willensbildung ein.

Vielfache äußere Beschränkungen können jemanden hindern, zu tun, was er will, schränken also seine Handlungsfreiheit ein. Doch welche Faktoren schränken das Vermögen der Willensbildung ein? Auf der Hand liegt, dass Willensfreiheit mit einem großen Maß an politischer Unfreiheit und äußeren Zwängen verträglich ist. Wer in Ketten liegt, büßt die Freiheit des Willens nicht ein. Selbst wer bei einem Raubüberfall mit der Frage »Geld oder Leben?« konfrontiert wird, besitzt doch die Freiheit, eines von beiden zu wählen. Dass eine der beiden Entscheidungen grob unvernünftig wäre, hebt die Fähigkeit, sie selbst und begründet zu treffen, nicht auf.

Als Faktoren, die die Willensfreiheit einschränken, werden unter anderem innere Zwänge, Süchte, starke Affekte, Erpressung und Folter genannt. Aus libertarischer Sicht ist diese Liste entschieden zu lang. Eine extreme Position in dieser Frage nehmen Kant und Jean-Paul Sartre ein. Sie behaupten, dass der menschliche Wille selbst unter der Folter frei bleibe. Dass der Mensch, wie Kant sagt, die Kraft habe, »alle Arten von Marter« zu ertragen und doch auf seinem Willen zu beharren[14], ist eine bestreitbare anthropologische Behauptung. Man spricht sehr wohl davon, dass Folter den Willen oder die Persönlichkeit zu brechen versucht. Ob es ihr gelingt, ist eine andere Frage, und die Antwort mag nicht für jeden Menschen gleich ausfallen.

Dass eine Willensbildung frei ist, kann jedenfalls nicht heißen, dass sie keinerlei Restriktionen oder Bedingungen unterliegt. Aristoteles diskutiert das Beispiel eines Kapitäns, der im Sturm die Ladung über Bord wirft, um sein Schiff und die Mannschaft zu retten: »Schlechthin freiwillig tut das niemand, dagegen um sich und die anderen zu retten tut es jeder, der Vernunft besitzt.«[15] Dieses Beispiel funktioniert wie die »Geld-oder-Leben«-Situation. Entscheidend ist hier der Hinweis auf die *Vernünftigkeit* der Entscheidung. Der Wunsch, vernünftig zu entscheiden, beschränkt natürlich die Optionen, doch es wäre merkwürdig, zu sagen, dass die freie Willensbildung durch vernünftiges Überlegen *behindert wird*. Praktisches Überlegen findet stets unter Bedingungen statt und viele davon haben wir nicht selbst gewählt. Durch Zwangslagen allein wird die Willensbildung also nicht behindert. Zu überlegen ist stets, was *unter den gegebenen Bedingungen* zu tun ist. Wer hingegen, freudianisch ausgedrückt, mit dem Realitätsprinzip auf Kriegsfuß steht und stets nach dem Lustprinzip handelt, ist nicht besonders frei, sondern unreif oder irrational.

Die entscheidende Frage ist, ob jeweils die *Fähigkeit* zur begründeten Willensbildung eingeschränkt ist oder nicht. Faktoren, die es dem Menschen unmöglich machen, begründet seinen Willen zu bilden, tangieren die Willensfreiheit. Zwangslagen und Erpressungen schränken diese Fähigkeit typischerweise nicht ein, sie betreffen vielmehr die Handlungsfreiheit. In welchem Ausmaß innere Zwänge, Süchte, Psychosen oder körperlicher Schmerz die Fähigkeit der Willensbildung im Einzelfall einschränken, ist keine philosophische Frage, sondern, falls es zu einer Straftat gekommen ist, eine für den psychiatrischen Gutachter. Für das deutsche Strafrecht sind die Einsichts- und die Steuerungsfähigkeit des Täters entscheidend. Ob diese Fähigkeiten in einer konkreten Situation beeinträchtigt waren, muss im Einzelfall festgestellt und kann nicht aufgrund allgemeiner anthropologischer Überlegungen entschieden werden.

Ein Nachteil der Rede von der Willensbildung ist, dass die Fähigkeit, seinen Willen handlungswirksam zu machen oder dies zumindest zu versuchen, nicht mit erfasst wird. Es spricht aber einiges dafür, diese Fähigkeit in den Begriff des libertarischen So-oder-anders-Könnens einzuschließen. Dass man tun kann, was man will, wird zwar gewöhnlich zur Handlungsfreiheit statt zur Willensfreiheit gezählt, doch der Hauptgrund dafür ist, dass äußere Hindernisse den Handlungserfolg verhindern können. Es muss zur Fähigkeit noch die *Gelegenheit* hinzukommen, und es wäre unangemessen, durch mangelnde Gelegenheit die Willensfreiheit tangiert zu sehen. Bei näherer Betrachtung des Beispiels der verschlossenen Tür wird man zugeben müssen, dass auch hier die Fähigkeit, seinen Willen in die Tat umzusetzen, also handlungswirksam zu machen, nicht fehlt. Die Person kann zumindest versuchen, das Zimmer zu verlassen, und Versuche sind auch etwas, was man tut. Dass auch Versuche Handlungen sind, bleibt bei der üblichen Gegenüberstellung von Handlungs- und Willensfreiheit unberücksichtigt. Beschränkte man nun die Willensfreiheit auf die Fähigkeit, seinen Willen zu bilden, so würde der Versuch, seinen Willen handlungswirksam zu machen, nicht mehr dazu zählen. Da nun Versuche auch durch mangelnde volitive Fähigkeiten verhindert werden können, beispielsweise durch Willensschwäche oder Steuerungsunfähigkeit, sollte man die Fähigkeit, eine handlungswirksame Umsetzung des Willens zu versuchen, in einen fähigkeitsbasierten Begriff der Willensfreiheit einschließen.

Durch mangelnde körperliche Fähigkeiten würde man die Willensfreiheit wiederum nicht beeinträchtigt sehen. Andernfalls müsste man Patienten mit Locked-in-Syndrom, die sich nicht mehr mitteilen können, die Willensfreiheit absprechen. Will man, meinem Vorschlag folgend, auch bei ihnen davon sprechen, dass sie ihren Willen in die Tat umzusetzen *versuchen* können, so muss man einen ätherischen Begriff des Versuchens zulassen, der keine körperlichen Fähigkeiten erfordert, sondern nur mentale. Immerhin sprechen wir davon, dass jemand seinen Willen »betätigt«, ohne uns damit auf das Stattfinden wahrnehmbarer Körperbewegungen zu verpflichten. Beispielsweise kann man versuchen, im Kopf eine Rechenaufgabe zu lösen, also brauchen wir selbst für gesunde Personen einen ätherischen Begriff des Versuchens. Gewisse physiologische oder neuronale Prozesse müssen unter nichtdualistischen Annahmen wohl vorkommen, wenn jemand seinen Willen »betätigt«, und genau die nehmen wir auch beim Locked-in-Patienten an, dem wir den Erhalt seiner Willensfreiheit zuerkennen. Die Unterscheidung zwischen körperlichen und mentalen Fähigkeiten mag am Ende unscharf sein, doch präziser als sie ist der Begriff der Willensfreiheit dann eben nicht. Die Beschränkung der relevanten Fähigkeiten auf mentale gehört zur dualistischen Erblast des Willensfreiheitsbegriffs. Dürfte man noch einmal von vorn anfangen, so würde man sowohl den »Willen« als auch seine »Freiheit« auf sich beruhen lassen und stattdessen die einschlägigen Fähigkeiten möglichst genau zu beschreiben suchen.

Doch dann hätte dieses Buch anders heißen müssen. Oben habe ich erklärt, dass ich an der Bezeichnung »Willensfreiheit« aus Traditionsgründen festhalte. Nun müssen wir das Beste daraus machen. Es spricht alles dafür, zumindest die Fähigkeit, seinen Willen in die Tat umzusetzen *zu versuchen*, zur Willensfreiheit hinzuzuzählen. Willensfreiheit wäre dann *die Fähigkeit zur überlegten hindernisüberwindenden Willensbildung und -umsetzung*. Mit »Umsetzung« ist dabei der Versuch gemeint, also dasjenige, was auch unter ungünstigsten äußeren Umständen noch »bei uns steht«, um den aristotelischen Ausdruck zu gebrauchen.

Am Begriff der Willensfreiheit sollte schon deshalb festgehalten werden, weil dies der einfachste Weg ist, den Unterschied zu den politischen Freiheiten zu markieren, die ja Unterarten der Handlungsfreiheit sind. Dieser Unterschied kann nicht hoch genug veranschlagt werden und muss gegen Kritik verteidigt werden. So fühlen sich viele Menschen durch die Behauptung, dass der Wille selbst unter der Todesdrohung frei bleibe, provoziert. Sie halten das Bestehen auf einer Freiheit, die so wenig Verbindung mit Freiheiten hat, an denen uns außerhalb der Philosophie liegt, für zynisch. Das sarkastische Bonmot, Reichen wie Armen stünde es frei, unter Brücken zu schlafen, ist hier einschlägig. Das überragende nichtphilosophische Interesse, nicht von Obdachlosigkeit, mit dem Tod oder mit Folter bedroht zu werden, macht das Problem der Willensfreiheit aber nicht gegenstandslos.

In der Tat streben wir außerhalb der Philosophie nach anderen Arten von Freiheit. Das Befremden über den philosophischen Begriff der Willensfreiheit könnte aber auch etwas anderes anzeigen, als die Kritiker vermuten. Vielleicht ist Willensfreiheit nicht deshalb ein Spezialthema für die Philosophen, weil sie exotisch, irrelevant oder praxisfern wäre, sondern weil sie so grundlegend ist. Die Philosophie beschäftigt sich mit tiefliegenden Voraussetzungen unseres Denkens, Erkennens und Handelns: mit Prinzipien und Begriffen, die so allgemein sind, dass sie im Alltag und in den anderen Wissenschaften nicht thematisiert, sondern als geklärt vorausgesetzt werden. Die Willensfreiheit könnte zu diesen Implikationen gehören. Nach Ludwig Wittgenstein sind die von der Philosophie behandelten Phänomene »durch ihre Einfachheit und Alltäglichkeit verborgen«. In der Philosophie wollen wir »etwas *verstehen*, was schon offen vor unseren Augen liegt«[16]. Die Willensfreiheit könnte ein Phänomen sein, das uns nur allzu vertraut ist, eine Fähigkeit, die wir stets unterstellen und in Anspruch nehmen, wiewohl wir selten darüber nachdenken. Erst wo sie im Einzelfall gefährdet oder verloren ist, tritt sie ins Bewusstsein.

Für viele Philosophen liegt die außerphilosophische Relevanz der Willensfreiheit in dem Umstand, dass die *moralische Verantwortlichkeit* auf der Freiheitsannahme beruht. So lautet nach Tugendhat die entscheidende Frage: »Wie sieht die Willensfreiheit aus, wenn es möglich sein soll, eine Person zur Verantwortung zu ziehen?«[17] Dass dafür Willensfreiheit erforderlich sei und nicht bloß Handlungsfreiheit, sehe man daran, dass wir Tiere nicht zur Verantwortung ziehen, »offenbar weil es keinen Sinn ergäbe, obwohl auch sie ihre Glieder heben können, wenn sie wollen«[18].

Was ist Determinismus?

Der universale Determinismus behauptet, dass der gesamte Weltlauf ein für alle Mal fixiert ist. Durch einen beliebigen Anfangszustand und die Naturgesetze sind alle weiteren Weltzustände festgelegt, sodass es zu jedem Zeitpunkt genau eine mögliche Zukunft gibt.
Eine berühmte Formulierung des universalen Determinismus hat im frühen 19. Jahrhundert der französische Mathematiker Pierre Simon de Laplace gegeben. Laplace fingiert eine Instanz, die das gesamte Weltgeschehen berechnen kann, den später so genannten *laplaceschen Dämon*:

»Wir müssen also den gegenwärtigen Zustand des Weltalls als die Wirkung seines früheren und als die Ursache des folgenden Zustands betrachten. Eine Intelligenz, welche für einen gegebenen Augenblick alle in der Natur wirkenden Kräfte sowie die gegenseitige Lage der sie zusammensetzenden Elemente kennte, und überdies umfassend genug wäre, um diese gegebenen Größen der Analysis zu unterwerfen, würde in derselben Formel die Bewegungen der größten Weltkörper wie des leichtesten Atoms umschließen; nichts würde ihr ungewiß sein und Zukunft wie Vergangenheit würden ihr offen vor Augen liegen.«[19]

Der laplacesche Dämon, den man heute als einen Supercomputer auffassen würde, veranschaulicht *Voraussagbarkeit*, also einen epistemischen Sachverhalt, während Determinismus eine These über das Weltgeschehen selbst ist. Für Laplace ist der Zusammenhang zwischen beidem der folgende: Wenn der Determinismus wahr ist, dann könnte der Dämon aufgrund der Kenntnis eines Anfangszustandes und der Bewegungsgesetze beliebige weitere Zustände errechnen.
Gleichwohl bleibt problematisch, dass bei Laplace zwei Ideen miteinander verknüpft werden: eine darüber, was der

Fall ist, und eine darüber, was man wissen kann. Voraussagbarkeit ist ein epistemischer Begriff, und es wäre durchaus möglich, dass der universale Determinismus wahr ist, ohne dass perfekte Voraussagen erreichbar sind. Vielerlei kontingente Schwierigkeiten für perfekte Voraussagen liegen auf der Hand: Menschliche Physiker sind nicht allwissend und werden es nie sein. Außerdem zeigt das Verhalten vieler physikalischer Systeme eine sensible Abhängigkeit von minimalen Schwankungen der Anfangsbedingungen, sodass eine Vorausberechnung des Systemverhaltens selbst unter deterministischen Annahmen schon über kurze Zeiträume hinweg unmöglich ist.

Zusätzlich gibt es *prinzipielle* Schwierigkeiten für perfekte Voraussagen. Sie werden deutlich, wenn man fragt, ob der Dämon Teil der Welt sein soll, die er beobachtet, und auf welche Weise er seine Daten gewinnen soll. In unserer Welt verbraucht jede Informationsübertragung Energie, ändert also die physikalischen Daten, die ein Supercomputer oder Superwissenschaftler gewinnt. Wer Informationen sammelt, zieht Energie aus dem beobachteten System ab. Die Beträge sind sehr gering, weshalb sie in der klassischen Physik vernachlässigt werden. Wenn aber beliebig präzise und beliebig detaillierte Voraussagen des Weltlaufs gefragt sind, verbietet sich jedes Vernachlässigen. Die Frage ist nun, für welchen Weltverlauf die Vorhersage gelten soll: für den solcherart beeinflussten oder für den unbeeinflussten? Sofern der laplacesche Dämon Teil der Welt sein soll, ist er vom Problem des *Beobachterparadoxons* betroffen: Ein Beobachter, der kausal mit der Welt interagiert und Information aus ihr abzieht, beeinflusst unvermeidlich die festzustellenden Zustände.

Ist der Dämon hingegen nicht Teil der Welt, tritt er also nicht in innerweltliche Kausalbeziehungen ein, stellt sich die Frage, wie er von einem Weltzustand Kenntnis erhalten soll. Er wäre dann eine körperlose Intelligenz, ein »idealer Beobachter«, wie Philosophen ihn fingieren, wenn sie eine allwissende Instanz brauchen, aber von Gott nicht reden möchten.

Der Dämon selbst fiele in diesem Falle aus dem universalen deterministischen Zusammenhang hinaus, den er berechnen soll. Er müsste auch nicht herausfinden, wie sich die Dinge verhalten, er wüsste es einfach. Die Frage, wie er es weiß, wäre unbeantwortbar oder blasphemisch. Ein solcher idealer Beobachter wäre mithin nur eine rhetorische Zutat, die der Annahme, dass das Weltgeschehen eben determiniert ist, nichts Wesentliches hinzufügen würde. Nun bestand aber der Charme der laplaceschen Erläuterung des Determinismus gerade darin, dass sie, so Karl Popper, »aus der Doktrin eine wissenschaftliche statt eine religiöse Wahrheit«[20] zu machen beansprucht, denn das Wissen der überlegenen Intelligenz soll ja nicht auf Eingebung, Offenbarung oder göttlichem Allwissen beruhen, sondern auf Datenerhebung und Berechnung als epistemischen Operationen, die menschliche Fähigkeiten nur dem Grad nach übersteigen. – Angesichts dieser Schwierigkeiten spricht alles dafür, die These des Determinismus ohne Bezug auf Vorhersagbarkeit zu formulieren. Die Behauptung, dass der gesamte Weltlauf ein für alle Mal alternativlos festgelegt ist, besagt noch nichts darüber, was man über die Zukunft wissen kann.

Unabweisbar ist hingegen die Frage, wodurch der Weltlauf festgelegt sein soll. Hier ist zunächst festzuhalten, dass der Determinismus eine *modale* Behauptung über den Weltlauf macht. Er behauptet nicht nur, dass die Zukunft so sein wird, wie sie sein wird, sondern dass sie *notwendigerweise* so sein wird, wie sie sein wird. Die Natur dieser Notwendigkeit war in der Philosophiegeschichte Gegenstand intensiver Diskussionen. Sogenannte *logische Deterministen* behaupten zum Beispiel, dass die Zukunft deshalb feststehe, weil bestimmte Aussagen über Zukünftiges jetzt schon wahr seien. Betrachten wir diese Behauptung etwas näher.

Unter den Aussagen über die Zukunft gibt es einige, die aus logischen Gründen wahr sind. Dazu gehört die Aussage, dass die Zukunft so sein wird, wie sie sein wird. »Que sera, sera«, hat Doris Day gesungen, und mit dieser Weisheit war sie auf der sicheren Seite, denn dass genau das geschehen wird, was geschehen wird, ist eine Tautologie. Zweifellos wird auch jeder von uns sich genau dazu entscheiden, wozu er sich entscheiden wird – wozu auch sonst? Nun können aus einer Tautologie keine gehaltvollen Thesen folgen, also muss jeder Schluss von »Que sera, sera« auf etwas Interessantes ein Fehlschluss sein. Und in der Tat: Die modale These, dass die Zukunft *notwendig* so sein wird, wie sie sein wird, also *unausweichlich* ist, folgt aus »Que sera, sera« nicht, auch wenn die Sentenz häufig so ausgelegt wird.

Logische Wahrheiten werfen keine besonderen Probleme für die Freiheit auf. Wer sich in seinem Handeln oder Wollen durch logische Gesetze eingeschränkt sieht, dem mangelt es nicht an Freiheit, sondern an intellektueller Reife. Selbst Gott in seiner Allmacht ist nicht von den Gesetzen der Logik dispensiert – so antwortete man jedenfalls im Mittelalter auf die Fangfrage, ob Gott einen Stein erschaffen könne, der so schwer ist, dass er ihn nicht heben kann. Sowohl die bejahende als auch die verneinende Antwort scheint ja auf eine Leugnung der göttlichen Allmacht hinauszulaufen.

Die echte Herausforderung für die Freiheit steckt nach Aristoteles in *kontingenten*, also nicht logisch notwendigen Wahrheiten über die Zukunft. Aristoteles diskutiert den Beispielsatz »Morgen findet eine Seeschlacht statt«. Er scheint unter anderem zu argumentieren – der Text ist sehr schwierig zu interpretieren –, dass dieser Satz jetzt noch keinen Wahrheitswert haben könne, da es zum Sinn des praktischen Überlegens gehöre, dass die Zukunft beeinflussbar sei. Wenn es jetzt schon wahr sei, dass morgen eine Seeschlacht stattfindet, brauchten »wir weder Überlegungen anzustellen noch in der Erwägung tätig zu sein [...], es werde, wenn wir das und das tun, das und das der Fall sein, wenn wir es aber nicht tun, nicht«[21].

Diese Überlegung dürfte fehlerhaft sein. Dass Aussagen über die Zukunft jetzt schon einen Wahrheitswert haben, heißt ja nur, dass für den Fall, dass etwas Bestimmtes geschehen wird, es wahr ist, zu sagen, dass es geschehen wird, und dass für den Fall, dass es nicht geschehen wird, es falsch ist, zu sagen, dass es geschehen wird. Daraus folgt nicht schon, dass die Zukunft determiniert ist. Natürlich könnte sie immer noch durch Naturgesetze und Anfangsbedingungen determiniert sein, aber gewiss nicht dadurch, dass jemand aufgrund von Allwissen oder Glück eine wahre Voraussage macht. Aussagenwahrheit legt die Zukunft nicht fest, vielmehr verhält es sich umgekehrt: Vom zukünftigen Geschehen hängt ab, welche Aussagen über dieses Geschehen wahr sind. Wenn das Vorausgesagte eintrifft, ist die Aussage wahr, aber das Vorausgesagte trifft nicht ein, *weil* es vorausgesagt wurde. Kurz: Selbst wenn es wahr sein sollte, dass morgen eine Seeschlacht stattfindet, folgt daraus nicht, dass jetzt schon *feststünde* oder *determiniert wäre*, dass sie stattfindet.

Der logische Determinismus behauptet, dass die Zukunft feststeht, weil Aussagen über zukünftig Geschehendes jetzt schon wahr sind. Die über ihn hinausgehende Auffassung, dass jede Anstrengung zwecklos sei, weil die Zukunft sich nicht beeinflussen lässt, nennt man *Fatalismus* (von lat. *fatum*, Schicksal). Wenn vom Determinismus auf den Fatalismus geschlossen wird, handelt es sich ebenfalls um einen Fehlschluss – um denselben Fehlschluss, der am Werke ist, wenn ein Missetäter fordert, er dürfe nicht bestraft werden, weil sein Verhalten schließlich determiniert gewesen sei. Über Zenon, den Gründer der stoischen Schule, wird berichtet, er habe einen beim Diebstahl ertappten Sklaven bestraft, und als dieser rief: »Es war vom Schicksal so bestimmt, ich musste stehlen«, entgegnete Zenon: »Und geschlagen werden«. Zenons bündige Antwort macht klar, warum der Verweis auf den universalen Determinismus niemals dazu dienen kann, irgendeine Forderung zu begründen. Ist das gesamte Weltgeschehen determiniert, gilt dies auch für die Reaktion anderer auf meine Handlungen, für Lob und Tadel, Strafe und Lohn. Demgegenüber beruht die Forderung des

Sklaven, nicht geschlagen zu werden, auf einem *halbierten* Determinismus. Wenn Menschen einander auffordern, etwas zu tun oder zu lassen, so unterstellen sie, dass dem Angesprochenen dies auch freisteht. Sollen setzt Können voraus. Diese Überlegung widerlegt den Determinismus natürlich nicht, aber sie macht klar, warum aus dem universalen Determinismus nichts Praktisches für das Strafrecht folgt. Der laplaceschen Determination wären Beklagte wie Strafrichter gleichermaßen unterworfen.

Zurück zum Fatalismus. In der Stoa bezeichnete man das Argument des Fatalisten, jede Anstrengung, ein doch schon feststehendes Schicksal abzuwenden, sei zwecklos, als *das faule Argument* (*argos logos*). Cicero referiert ein klassisches Beispiel: »Wenn es für dich vom Fatum bestimmt ist, von dieser Krankheit zu genesen, dann wirst du genesen, ob du einen Arzt beiziehst oder nicht; und umgekehrt: Wenn es dein Fatum ist, daß du aus dieser Krankheit nicht genesen sollst, wirst du nicht genesen, ob du nun einen Arzt beiziehst oder nicht; und eines von beiden ist dein Fatum: folglich ist es sinnlos, einen Arzt zu bemühen.«[22]

Worin besteht der Fehler dieser Überlegung? Nach Chrysipp besteht er in einer Fehleinschätzung der Reichweite des Fatums. Es wird der Umstand übersehen, dass mein Hinzuziehen des Arztes, wenn es denn stattfindet, »koschicksalhaft« wäre, also in mein Schicksal eingeschlossen ist. Der Kranke wird entweder gesunden oder eben nicht, aber die mögliche Welt, in der er gesundet, mag durchaus die Welt sein, in der er einen Arzt konsultiert hat. Es könnte vom Schicksal bestimmt sein, dass er *aufgrund ärztlicher Behandlung* gesundet. Fehlerhaft ist also der Schluss von »Ich werde gesunden oder eben nicht« auf »Einen Arzt zu konsultieren ist zwecklos«.

Schon das »Que sera, sera« wird ja gewöhnlich im Sinne von »Was geschieht, geschieht *ohnehin*« verstanden. An dieser fatalistischen Lesart, so kann man nun mit Chrysipp einwenden, ist das »ohnehin« falsch. Wenn man an die Vorausbestimmung durch das Fatum glaubt, kann man nicht die eigenen Überlegungen, Entscheidungen und Handlungen aus dieser Determination ausnehmen. Man kann sich auch nicht auf das Fatum *berufen*, um eine Entscheidung, etwa den Verzicht auf den Arzt, zu rechtfertigen. Chrysipps Kritik am faulen Argument soll zeigen, dass niemand uns unsere Entscheidungen abnimmt. Sartre wird später sagen, der Mensch sei »zur Freiheit verurteilt«[23].

Das Verhältnis der Stoa zum Determinismus und zum Fatalismus war ambivalent.[24] Viele Stoiker haben fatalistische Positionen vertreten, hatten aber durchaus ein Bewusstsein für die damit verbundenen Probleme. Der allgemeine Rat der Stoiker zur Lebensführung lautete: Folge der Natur! Zenon und Chrysipp veranschaulichten das *naturam sequi* durch das Gleichnis von Hund und Wagen: Der an den Wagen angebundene Hund sei gut beraten, brav neben dem Wagen herzulaufen, dann spüre er die Leine nicht. Widersetze er sich, werde er eben mitgeschleift. Ebenso sei es mit uns Menschen.[25] Doch das Gleichnis hat etwas Paradoxes. Wenn es illustrieren soll, dass mit dem Hund in jedem Fall das Unvermeidliche geschieht, ist es nicht konsistent. Der Hund kann zwar die Fahrt des Wagens nicht beeinflussen, aber er hat offenbar die Wahl, mitzulaufen oder an der Leine zu zerren; und wenn er dann mitgezerrt wird und die Leine ihn würgt, geschieht dies nicht ohnehin, sondern ist Folge seiner Wahl. Vom Wagen mitgeschleift zu werden ist eben ein anderer Lauf der Dinge als nebenherzulaufen. Bei einem konsequenten Determinismus müssten nicht nur die Folgen der Handlung, sondern schon der Versuch des Hundes illusionär sein, denn Versuche sind ebenfalls etwas, was »bei uns steht« (so charakterisierten die Stoiker Handlungen, Aristoteles folgend). Im gegebenen Fall besteht der Versuch darin, dass der Hund an der Leine zerrt. Hätte er diese Wahl nicht, so wäre der Rat, das Zerren zu unterlassen, hinfällig, wie auch der stoizistische Rat »Folge der Natur!« hinfällig wäre, wenn dies zu tun nicht bei uns stünde.

Die innere Spannung des Gleichnisses von Hund und Wagen zeigt erneut, was schon Zenons lakonische Antwort an den diebischen Sklaven zeigte: dass man mit der Einsicht in die eigene Determiniertheit jedenfalls nichts anfangen kann. Ob der universale Determinismus nun wahr ist oder nicht, er lässt sich nicht in Verhaltensmaximen umsetzen, weder in gute Vorsätze noch in eine Forderung nach Belohnung oder Strafe noch in einen gut gemeinten Rat zur Lebensführung. Alle diese Aufforderungen enthalten als Aufforderungen die Unterstellung einer Wahlmöglichkeit und deshalb führt kein Weg vom theoretischen Determinismus zum Fatalismus als einer praktischen Haltung. Freilich kann ein konsequenter Determinist die Selbstanwendung zulassen und zugestehen, dass das Geben des Rates wie dessen Befolgung oder Nichtbefolgung ebenfalls determiniert seien – wie auch jedes Argument, das jemand für oder gegen diese Lehre anführen könnte. Dieses Zugeständnis zeigt aber nur, dass ein selbstangewendeter Determinismus die verpflichtende oder rational motivierende Kraft von Ratschlägen und Argumenten, also ihre *illokutionäre Rolle*, wie man in der Sprechakttheorie sagen würde, nicht rekonstruieren kann.

Wie wenig man mit der Einsicht in die Wahrheit des Determinismus anfangen könnte, zeigt auch die von Richard Taylor erfundene »Story of Osmo«: Ein junger Mann namens Osmo findet in einer Bibliothek ein Buch, in dem sein ganzes Leben beschrieben ist. Er beginnt mit der Lektüre, findet seine Kindheit und Jugend in allen Details korrekt dargestellt, liest mit glühenden Ohren weiter und findet auch die Gegenwart korrekt beschrieben: Er sitzt bei einem Kaffee in der Bibliothek und liest mit glühenden Ohren das Buch »The Story of Osmo«. Er muss weiter erfahren, dass seine Zukunft nicht erfreulich ist und dass er früh bei einem Flugzeugabsturz sterben wird.[26] – Was soll man Osmo raten? Vielleicht, dass er kein Flugzeug mehr besteigen sollte? Aber wenn alles, was im Buch steht, wahr ist, kann er seinen Unfalltod durch nichts auf der Welt verhindern. Taylor wählt für seine Rahmenerzählung einen Ausweg auf Ödipus-Art: Osmo führt seinen Unfalltod unabsichtlich selbst herbei, indem er ihn zu verhindern sucht. Dieser Ausweg ist aber nur möglich, wenn Osmo für den Versuch, seinem Schicksal zu entgehen, *Leerstellen* der Geschichte nutzen kann. Das bedeutet jedoch, dass das Buch das zukünftige Geschehen *nicht in allen Einzelheiten* beschreibt. So verhält es sich ja auch bei Ödipus: Das Orakel von Delphi sagt ihm voraus, dass er seine Mutter heiraten und seinen Vater töten wird, schweigt sich dabei über die Details allerdings aus. Hätte das Orakel die Zukunft genauer beschrieben, so hätte Sophokles für Ödipus andere Leerstellen finden müssen. Wäre die Voraussage beliebig detailliert gewesen, so hätte dies den Ödipus-Plot unmöglich gemacht. Taylor, der selbst den Fatalismus vertritt und ihn auch Osmo empfiehlt, geht also der eigentlichen Schwierigkeit aus dem Weg, die die beliebig genaue Kenntnis der eigenen Zukunft mit sich bringen würde. Wie sollte jemand auf diese Kenntnis reagieren? Jede mögliche Antwort scheint in Paradoxien zu führen. Da trifft es sich gut, dass noch kein Mensch in dieser Situation war.

Logische Deterministen und Fatalisten sagen oft, dass wir die tatsächliche Zukunft nicht *ändern* können. Diese Unmöglichkeit ist unbestreitbar, aber sie ist ein sprachliches Artefakt. In der Rede von der »tatsächlichen Zukunft« oder der »Zukunft, wie sie sein wird«, sind unsere zukünftigen Handlungen ja schon eingeschlossen. In der Tat kann niemand die Zukunft in dem Sinne ändern, dass er sie anders sein lassen kann, als sie sein wird. Die Zukunft als Inbegriff dessen, was geschehen wird, ist gar kein Gegenstand unseres Handlungsvermögens. Dies schließt aber nicht aus, dass das, wozu ich mich entscheide, einen Einfluss darauf hat, welche der möglichen Zukünfte die tatsächliche sein wird. Der laplacesche Determinismus bestreitet demgegenüber, dass überhaupt verschiedene Zukünfte möglich sind.

Zusammengefasst: Wahrheiten über die Zukunft gefährden unsere Freiheit nicht. Freiheitsgefährdend wäre aus inkompatibilistischer Sicht die modale Verstärkung, dass Bestimmtes *notwendigerweise* geschehen wird. Nun erfordern Notwendigkeitsbehauptungen einen Grund in der Sache – etwas, was sie wahr macht. Die modale Kraft des Determinismus muss irgendwoher stammen. Man kann dies die Frage nach der *Modalitätsquelle* des Determinismus nennen. Logische Wahrheiten beziehen ihre Notwendigkeit beispielsweise aus den logischen Gesetzen oder aus den Bedeutungen der logischen Konstanten. Wird eine logische Wahrheit verneint, ergibt sich ein logischer Widerspruch. Metaphysische oder physikalische Behauptungen müssen ihre modale Kraft aus einer anderen Quelle beziehen. In der Philosophiegeschichte sind drei Modalitätsquellen für den Determinismus erwogen worden: Gott, das Schicksal und die Naturgesetze. Die Lehre von der Determination des Weltlaufs durch Gottes Willen nennt man *Prädestinationslehre* oder *theologischen Determinismus*. Diese Lehre geht über die Annahme der Allwissenheit Gottes hinaus, denn zur Lenkung des Weltlaufs reicht es nicht aus, dass Gott die Zukunft voraussieht, also kennt. Angenommen wird in der Prädestinationslehre zusätzlich die All*macht* Gottes.

Die zweite in der Philosophiegeschichte erwogene Modalitätsquelle ist das *Fatum*, also das Schicksal. Die Stoa hatte einen schillernden Begriff vom Fatum und von der Notwendigkeit. Manchmal war gemeint, dass nichts sich anders verhalten kann als gemäß seiner Natur: »Denn wenn der Stein aus einer gewissen Höhe losgelassen wird und kein Hindernis im Weg ist, kann er sich unmöglich nicht nach unten bewegen.«[27] Ein durchgängiger Determinismus im laplaceschen Sinne ist mit dieser Notwendigkeitsbehauptung nicht verbunden, denn dafür müsste auch determiniert sein, *ob* der Stein losgelassen wird und *ob* sein Herunterfallen verhindert wird. Aber in der Natur welcher Dinge sollten diese Determinationen liegen? Die Stoiker scheinen an vielen Stellen nur eine *bedingte* Notwendigkeit anzunehmen: Das Fatum ›determiniert‹ das Geschehen nur, sofern weitere Bedingungen erfüllt sind, die selbst nicht der strengen Determination unterliegen. Chrysipp lehrte, dass es zum Stattfinden einer Handlung stets noch der Zustimmung der Person zu ihrem Handlungsimpuls bedürfe, und diese Zustimmung stehe in ihrer Macht. Sie werde der Person zwar von außen, etwa durch eine Sinneswahrnehmung, nahegelegt, nicht aber aufgezwungen.[28]

Dass den Stoikern oft ein Determinismus im modernen Sinne zugeschrieben wird[29], lässt sich auf eine mangelnde Würdigung der Tatsache zurückführen, dass es sich bei »Notwendigkeit«, »Determinismus«, »Ursache« und »Naturgesetz« um *theoretische Begriffe* handelt, deren Sinn sich erst im Rahmen einer bestimmten Theorie konkretisiert. Zum universalen Determinismus gehört wesentlich, dass Ursachen Ereignisse oder Momentanzustände sind (und nicht Substanzen oder ihre Beschaffenheit), dass die relevanten Naturgesetze stetige Verlaufsgesetze sind (und nicht eine göttliche Ordnung des Kosmos) und dass die Notwendigkeit ihre modale Kraft aus ebendiesen Gesetzen bezieht (und nicht aus dem Weltfeuer, der Weltvernunft oder dem Fatum).

Die dritte Antwort auf die Frage, woraus der Determinismus seine modale Kraft bezieht, lautet: aus den Naturgesetzen. Sie ist in der Philosophie der Gegenwart so selbstverständlich, dass in einigen Determinismusdefinitionen das Attribut »deterministisch« von vornherein Gesetze qualifiziert; die Determinismusthese wird dann als die Auffassung eingeführt, dass der Weltlauf von deterministischen Gesetzen regiert wird.

Nun ist die Rede von »regierenden« Naturgesetzen, denen wir »unterworfen« sind, metaphorisch. Naturgesetze sind im Unterschied zu sozialen, juristischen oder göttlichen Gesetzen keine Vorschriften. Sie schreiben niemandem vor, was zu geschehen hat, sondern sie *beschreiben*, was geschieht oder der Fall ist. Die nichtpräskriptive Auffassung von Naturgesetzen ist wissenschaftsgeschichtlich nicht selbstverständlich; noch Descartes und Newton verstanden Naturgesetze als von

Gott erlassene Regeln. Die Façon de parler, dass der Weltlauf durch deterministische Gesetze »regiert« wird, ist ein Relikt dieser Auffassung. Gemeint ist vernünftigerweise, dass der Weltlauf *unter diese Gesetze fällt*, also zutreffend durch sie beschrieben wird. Die wissenschaftstheoretische Standardauffassung dazu ist die *deduktiv-nomologische* Auffassung der wissenschaftlichen Erklärung: Dass ein zu erklärendes Ereignis unter deterministische Gesetze fällt, heißt, dass seine Beschreibung sich aus diesen Gesetzen sowie einem Satz vollständiger Anfangsbedingungen ableiten lässt. Der Weltlauf ist genau dann deterministisch, wenn aus deterministischen Gesetzen und der Beschreibung eines vollständigen Weltzustands Beschreibungen aller weiteren Weltzustände folgen.

In der Wissenschaftstheorie werden verschiedene Arten von Naturgesetzen unterschieden. Von besonderer Bedeutung ist hier die Unterscheidung zwischen *Koexistenzgesetzen* und *Sukzessionsgesetzen* beziehungsweise *Zustands-* und *Verlaufsgesetzen*. Der Determinismus macht eine Behauptung über den Weltlauf, also über die Abfolge von Ereignissen. Er kann seine modale Kraft daher nur aus einer bestimmten Art von Gesetzen beziehen, nämlich aus solchen, die von Ereignisverläufen handeln. Die Gesetze, denen der Weltlauf angeblich unterliegt, sind, etwas vereinfacht ausgedrückt, *Immer-wenn-dann*-Sätze der Form »Immer wenn etwas der Art A geschieht, dann geschieht danach etwas der Art B«. Nun haben die fundamentalen physikalischen Gesetze in der Regel nicht diese Form. Newtons Gravitationsgesetz sagt nicht, dass jeder Körper, der aus einem Meter Höhe auf den Boden fällt, mit der und der Geschwindigkeit unten ankommt. Es sagt überhaupt nichts darüber, was tatsächlich geschieht. Es sagt etwas über das Verhältnis physikalischer Größen, nämlich darüber, wie die Gravitationskraft, die zwischen zwei Körpern besteht, sich zu ihren Massen und ihrem Abstand verhält. Robert Boyles Gasgesetz sagt etwas über das synchrone Verhältnis von Volumen, Temperatur und Druck in einem idealen Gas. Solche Zustandsgesetze haben keine direkte deterministische oder auch nur kausale Interpretation.

Wenden wir uns nun der Frage zu, ob der universale Determinismus wahr ist, oder etwas vorsichtiger der Vorfrage, was über seine Wahrheit entscheiden würde. Wenn die modale Kraft des Determinismus aus ausnahmslosen Verlaufsgesetzen stammt, die den Weltlauf zutreffend beschreiben, dann scheint die Wahrheit des Determinismus davon abzuhängen, ob es die fraglichen Gesetze gibt. Damit ist nicht schon gesagt, dass jemand diese Gesetze kennen muss. Der Determinismus ist schließlich eine These darüber, was der Fall ist, keine darüber, was Menschen wissen. Will man freilich die Doktrin des Determinismus nicht einfach dogmatisch behaupten, sondern als wahr erweisen oder plausibel machen, wird man das eine oder andere der erforderlichen Naturgesetze präsentieren müssen. An dieser Stelle kommt nun die in der neueren Wissenschaftstheorie diskutierte *Gesetzesskepsis* ins Spiel. Die durch Nancy Cartwrights provozierend betiteltes Buch *How the Laws of Physics Lie* populär gewordene gesetzesskeptische These besagt, dass kein uneingeschränkt wahrer *Immer-wenn-dann*-Satz über empirische Regularitäten je präsentiert worden ist und dass auch wenig dafür spricht, dass es solche Gesetze überhaupt gibt. Alle Kandidaten für solche Gesetze würden nämlich durch Gegenbeispiele falsifiziert. Der Grund dafür ist schnell genannt: Es kann jederzeit passieren, dass just in dem Moment, wo das A-Ereignis eingetreten ist und das B-Ereignis folgen müsste, etwas dazwischenkommt. Da nun das Gesetz, als empirischer Allsatz, behauptet, dass jedes Mal, wenn die Bedingungen des Vordersatzes erfüllt sind, das im Nachsatz Beschriebene geschieht, muss ein solcher Fall als Falsifikation des Gesetzes angesehen werden.

Das Zugeständnis, dass physikalische Gesetze keine wahren Allaussagen über empirische Regularitäten machen, ist Naturwissenschaftlern schneller abgerungen, als viele Philosophen denken. Die gesetzesskeptische These ist leicht aufgestellt; die interessante Aufgabe besteht darin, die unweigerlich folgenden Ja-aber-Reaktionen zu parieren. In der Wissenschaftstheorie liegt eine ganze Palette von schadensbegrenzenden Gegenreden gegen die Gesetzesskepsis vor. Hier sind einige davon: Naturgesetze seien immerhin *approximativ* wahr. Oder: Sie seien keine Aussagen über empirische Gegenstände, sondern über *ideale* Gegenstände einer Modellwelt. Oder: Sie müssten durch *Ceteris-paribus*-Klauseln abgestützt werden. Oder: Sie müssten als *statistische* Verallgemeinerungen aufgefasst werden. Oder: Gesetze seien *dispositionale* Aussagen über das Verhalten, das Systeme in ungestörten Situationen zeigen *würden*. Oder: Gesetze seien *instrumentalistisch* zu interpretieren, also als nützliche Werkzeuge.

Die Gegenreden gegen die Gesetzesskepsis sollen hier nicht weiterverfolgt werden. Es ging um den Laplace-Determinismus, und dieser kann nur durch eine bestimmte Art von Gesetzen gestützt werden, nämlich durch empirische Verlaufsgesetze über tatsächlich Geschehendes. Die fundamentalen Naturgesetze, auf deren Entdeckung die Physiker mit Recht stolz sind, sind aber überhaupt keine Sukzessionsgesetze über Ereignisse, sondern Koexistenzgesetze über Universalien, Erhaltungssätze, Aussagen über Kräftegleichgewichte und Symmetriegesetze. Diese sind nicht kausal interpretierbar, fixieren nicht alternativlos den Weltlauf, stützen also nicht den Laplace-Determinismus und sind deshalb auch nicht freiheitsgefährdend.

Von besonderem Interesse ist indes eine weitere Gegenrede. Möglicherweise verdankt sich der Einwand, dass sämtliche Allaussagen über empirische Verläufe Ausnahmen unterworfen sind, also durch Gegenbeispiele falsifiziert werden, einer zu einfachen Vorstellung davon, worin der empirische Gehalt physikalischer Verlaufsgesetze besteht. Vielleicht ist es von vornherein eine unvernünftige Erwartung, dass *einzelne* Verlaufsgesetze zutreffend beschreiben, was ausnahmslos geschieht. In der wirklichen Welt liegt stets eine *Überlagerung* physikalischer Kräfte vor, und es ist kein Wunder, dass Gesetze, die einzelne dieser Kräfte oder Bewegungstendenzen beschreiben, nicht zugleich deren Zusammenwirken beschreiben können. Laplace hat dieses Problem vorausgesehen, denn in seiner Darstellung sind die Ursachen und Wirkungen nicht gewöhnliche Ereignisse, sondern komplette Weltzustände: »Wir müssen also den gegenwärtigen Zustand des Weltalls als die Wirkung seines früheren und als die Ursache des folgenden Zustands betrachten.«[30] Dieser Überlegung folgend lässt sich die Falsifikationsanfälligkeit gewöhnlicher Verlaufsgesetze auf den Umstand zurückführen, dass ihre Vorder- und Nachsätze eben keine vollständigen Weltzustände beschreiben. So hat Russell bündig festgestellt: »Alle Kausalgesetze sind Ausnahmen unterworfen, wenn die Ursache nicht den Zustand des ganzen Weltalls umfaßt.«[31]

Nun wird klar, warum die These des universalen Determinismus sich einer empirischen Überprüfung entzieht. Um den Determinismus wirklich auf den Prüfstand zu stellen, müsste man das Universum zweimal in exakt denselben Zustand bringen können. Solange man dies nicht kann, lässt sich das unterschiedliche Verhalten eines Systems bei der Wiederholung eines Experiments stets den minimal unterschiedlichen Anfangs- oder Randbedingungen zuschreiben. Die Welt ist eben nur einmal da. Der Determinist kann stets argumentieren, dass Gegenbeispiele, die vermeintlich Verlaufsgesetze falsifizieren, seine Doktrin nicht widerlegen. Und schlimmer noch: Je genauer wir einen Zustand im Vordersatz eines Verlaufsgesetzes spezifizieren, desto geringer ist die Wahrscheinlichkeit, dass sich der derart spezifizierte Zustand jemals wiederholt. Es besteht also ein inverser Zusammenhang zwischen der Genauigkeit einer Zustands- oder Ereignisbeschreibung und der Subsumtionsleistung des Gesetzes.[32]

Gleichwohl ist die Diagnose richtig, dass der Determinismus eng mit der Lehre von der *ewigen Wiederkehr des Gleichen* verbunden ist. Da der Weltlauf aber keine Neustart-Taste hat, lässt sich das Prinzip, dass Zustände sich in bestimmten Zeitabständen wiederholen, nur in einer kontrafaktischen Version aufrechterhalten. John Stuart Mill hat das Prinzip deshalb im Konjunktiv formuliert: »Wenn der ganze frühere Zustand des Universums wiederkehren könnte, so würde ihm der ganze jetzige Zustand folgen.«[33]

Diese Behauptung lässt sich _experimentell weder verifizieren noch falsifizieren_ und deshalb ist der laplacesche Determinismus eine metaphysische These. Laplace spricht, wie oben zitiert, von einem Supergesetz, welches alle Naturkräfte zusammenfasst, sodass es »in derselben Formel die Bewegungen der größten Weltkörper wie des leichtesten Atoms«[34] subsumieren würde. Die Pointe des Laplace-Determinismus besteht ja darin, dass jeder beliebige faktische Weltzustand gemeinsam mit diesem Supergesetz jeden anderen festlegt. Leider kennen wir dieses Gesetz nicht. Nach Karl Popper soll aber der physikalische Determinismus, anders als die theologische Prädestinationslehre, »wie ein Ergebnis des Erfolgs der empirischen Naturwissenschaft aussehen, oder wenigstens so, als werde er durch sie gestützt«[35]. Bei Laplace ist das Verhältnis von metaphysischer These und empirischem Beleg nachgerade umgekehrt. Eine _Rechtfertigung_ für den Determinismus bietet die bloße Versicherung, dass das fragliche Supergesetz existiert und der laplacesche Dämon es kennt, natürlich nicht. Indem man die Existenz des Gesetzes einfach postuliert, genießt man, wie Russell einmal in anderem Zusammenhang sagte, alle Vorteile des Diebstahls gegenüber ehrlicher Arbeit.

Ich fasse den bisherigen Argumentationsgang noch einmal zusammen:

(1) Der Determinismus sagt, dass die Zukunft _notwendig_ so sein wird, wie sie sein wird. _Er geht über die Tautologie »Que sera, sera« hinaus_.

(2) Dies wirft die Frage auf, woher die modale Kraft des Determinismus stammen soll.

(3) Im Rahmen eines naturwissenschaftlichen Weltbildes scheiden Gottes Wille und das Fatum als Modalitätsquellen aus, es bleiben die Naturgesetze.

(4) Nicht Naturgesetze jedweder Art sind zur Stützung des Determinismus geeignet, sondern <u>nur solche, die Aussagen über empirische Ereignisfolgen machen oder implizieren</u>. In Ermangelung einer anderen Modalitätsquelle steht und fällt der Determinismus mit der Annahme, dass der Weltlauf ausnahmslosen Sukzessionsgesetzen unterliegt.

(5) Die Physik scheint keine ausnahmslos geltenden Gesetze über empirische Verläufe zu kennen. <u>Die fundamentalen Naturgesetze sind von anderer Art.</u>

Wenn der universale Determinismus eine metaphysische Doktrin ist, die sich durch empirische Belege weder widerlegen noch als wahr erweisen lässt, ist auch die sich auf den Determinismus berufende Leugnung der Willensfreiheit eine metaphysische These, keine wissenschaftliche. Wir müssen uns an dieser Stelle mit dem Zwischenfazit begnügen, dass jedenfalls *eine* in der Freiheitsdebatte anzutreffende Stilisierung unhaltbar ist: die des Deterministen als eines Freundes der Wissenschaften, der die Empirie auf seiner Seite hat und mit der Fackel der Aufklärung dem unbelehrbaren Libertarier gegenübertritt, der sich an den metaphysischen Indeterminismus klammert, um seine Freiheit zu retten. Angesichts der Schwierigkeit, auch nur ein einziges empirisch wahres deterministisches Verlaufsgesetz anzugeben, drängt sich die Frage auf, was hier eigentlich der empirische Befund ist und was die metaphysische Behauptung. Der Wissenschaftstheoretiker Patrick Suppes geht so weit, die übliche Zuordnung umzukehren: »Free will, as exemplified in voluntary motion, is the hard empirical fact. Determinism [...] is the transcendental metaphysical assumption.«[36]

Einer anderen Argumentationslinie zufolge können wir den Determinismus zwar nicht beweisen, müssen ihn aber jeder

Naturforschung zugrunde legen. In diesem Zusammenhang wird oft die Auffassung Kants angeführt, dass das allgemeine Kausalprinzip (»Jedes Ereignis hat eine Ursache«) ein *regulatives* Prinzip sei, kein konstitutives. Es verpflichte den Naturforscher zur fortgesetzten Suche nach Ursachen, ohne zu garantieren, dass diese Suche in jedem Einzelfall erfolgreich ist. Dass ein Ereignis keine Ursache hat, lasse sich jedenfalls empirisch nie erweisen, denn ein scheinbar unverursachtes Ereignis könnte stets eine Ursache haben, die wir noch nicht gefunden haben.

Diese Argumentationslinie ist nur dann einschlägig, wenn man das Kausalprinzip mit dem Determinismus identifiziert. Viele Autoren verwenden »Kausalprinzip« und »Determinismusprinzip« in der Tat gleichbedeutend. Auch für Kant ist das allgemeine Kausalprinzip »Jedes Ereignis hat eine Ursache« gleichbedeutend mit dem Prinzip »Jedes Ereignis unterliegt ausnahmslosen Gesetzen«. Die Gleichsetzung von Kausalprinzip und Determinismus ergibt sich immer dann, wenn eine *Gesetzesauffassung der Kausalität* vertreten wird, genauer: wenn zusätzlich zum allgemeinen Kausalprinzip die kausalitätstheoretische These vertreten wird, dass eine Kausalbeziehung zwischen zwei Ereignissen genau dann besteht, wenn es ein deterministisches Kausalgesetz gibt, das den fraglichen Fall subsumiert.

Kant hielt die Gesetzesauffassung der Kausalität für alternativlos. Er sah die Gesetzesauffassung schlicht als einen analytischen Bestandteil des Kausalbegriffs an: »Der Begriff der Ursache […] erfordert durchaus, daß etwas A von der Art sei, daß ein anderes B daraus *notwendig und nach einer schlechthin allgemeinen Regel* folge.«[37] In der neueren Wissenschaftstheorie sind indes verschiedene Theorien der Kausalität entwickelt worden, die ohne deterministische Kausalgesetze auskommen.[38] Auch der Umstand, dass in der modernen Physik der Determinismus als diskreditiert gilt, spricht dafür, Kausalprinzip und Determinismus zu entkoppeln.

Warum ist es für die Freiheitsdebatte wichtig, ob das Determinismusprinzip mit dem Kausalprinzip identisch ist oder nicht? Es ist mindestens deshalb wichtig, weil einige Libertarier die Freiheit zwar mit dem Determinismus für unvereinbar halten, hingegen nicht mit der universalen Geltung des Kausalprinzips. Robert Kane, der profilierteste Vertreter dieser Position, leugnet nicht, dass Handlungen und Entscheidungen Ursachen haben, nur hätten sie keine *deterministischen* Ursachen. Kane stützt sich auf eine nichtdeterministische Konzeption der Ereigniskausalität, ohne sie allerdings auszuarbeiten. Und da die anderen beiden Spielarten des Libertarismus – die nichtkausale und die akteurskausale – von schwerwiegenden Einwänden betroffen sind[39], ist die Unterscheidung von Kausalprinzip und Determinismusprinzip für inkompatibilistische Freiheitsauffassungen von großer Bedeutung.

Sich nicht mit im Prinzip Unerklärlichem abzufinden ist eine vernünftige Haltung, aber dass allein deterministische Kausalerklärungen als Erklärungen zählen, ist eine Zusatzbehauptung, die eigens begründet werden müsste. Zum Geist wissenschaftlicher Forschung dürfte die Annahme gehören, dass alles in der Welt mit rechten Dingen zugeht und dass es keine Wunder gibt. Aber diese Annahmen sind viel schwächer als die These des universalen Determinismus.

Der universale Determinismus ist keine wissenschaftliche Theorie über einen bestimmten Gegenstandsbereich, sondern eine empirisch nicht überprüfbare These über den Weltlauf als Ganzen. Setzt man sich heute mit dem universalen Determinismus auseinander, so zieht man sich leicht den Vorwurf zu, man führe Debatten des 19. Jahrhunderts. In den aktuellen Debatten um die menschliche Willensfreiheit, die stark durch die Lebenswissenschaften geprägt sind, ist mit der Berufung auf deterministische Zusammenhänge gerade nicht der universale Determinismus gemeint. Beim genetischen und beim neurophysiologischen Determinismus handelt es sich um *bereichsspezifische* Determinismen.

Wie verhalten sich diese bereichsspezifischen Determinismen zum universalen? Könnte einer von ihnen wahr sein, selbst wenn der universale es nicht ist? Es liegt auf der Hand, dass dies nur unter einer Bedingung möglich wäre: Es müsste innerhalb des Universums kausal abgeschlossene Systeme geben, also Systeme, die nicht mit ihrer Umwelt interagieren und somit nicht durch Umwelteinflüsse gestört werden können. Nur dann wäre es möglich, dass etwa die Arbeitsweise von Gehirnen durch bereichsspezifische deterministische Verlaufsgesetze korrekt beschrieben wird. Die Formulierung schwächerer Korrelationen stützt keinen Determinismus, auch keinen bereichsspezifischen. Insbesondere würde es nicht ausreichen, dass zum Beispiel eine bestimmte genetische oder physiologische Ausstattung ein Lebewesen zu bestimmtem Verhalten *disponiert*. Man nennt solche disponierenden Faktoren zwar manchmal *Determinanten*, aber solange die Theorie nicht außerdem festlegt, wann und wo sich welche Disposition manifestiert, sind die Bezeichnungen »genetischer Determinismus« und »neurophysiologischer Determinismus« verfehlt. Man übersieht das leicht, weil in der Wissenschaft, und erst recht in der Populärwissenschaft, mit dem Attribut »deterministisch« überaus nachlässig umgegangen wird. Man spricht von »deterministischen Theorien« und »deterministischen Gesetzen« und bemerkt nicht die große Lücke zu der empirischen Behauptung, dass das entsprechende System sich tatsächlich deterministisch verhält. Deterministische Theorien und Gesetze lassen sich leicht aufstellen. Hier geht es aber um die zusätzliche Behauptung, dass es in der Welt deterministisch zugeht, oder auch nur in einem Bereich der Welt, etwa im Gehirn. Diese Lücke ist in der neueren Literatur verschiedentlich bemerkt worden: Es besteht »a large gap between the determinism of a given physical theory, and the bolder, vague idea that motivated the traditional formulations: the idea that the world in itself is deterministic«[40].

Die Verwechslung des Determinismus mit schwächeren Formen der kausalen Bestimmung wird in den Lebenswissenschaften durch den Gebrauch einiger typischer Verben verdeckt. Es gibt eine Reihe von ›weichen‹ Kausalverben, die Determinationsverhältnisse ausdrücken, die Art der Determination aber im Dunkeln lassen: Bestimmte Faktoren *steuern* das Verhalten, Gehirnvorgänge *bedingen* Handlungen, Gene *prägen* die Persönlichkeit, Entscheidungen *beruhen auf* neuronalen Prozessen. In diese Reihe gehören noch *beeinflussen, kontrollieren, bestimmen, auslösen, zu etwas führen*. Allen diesen Verben ist gemeinsam, dass sie weniger implizieren als strenge naturgesetzliche Determination, aber offenlassen, wie viel weniger. Dieses weiche Kausalidiom ist in Theorien der empirischen Humanwissenschaften weit verbreitet. Das ist kein Makel; zu beanstanden ist es indes, wenn die besagten weichen Verben gleichwohl mit freiheitswiderlegender Konnotation eingesetzt werden. Diesen rhetorischen Effekt – Suggestion eines Freiheitshindernisses, ohne dass ein echter Determinismus vertreten würde – gilt es zu durchschauen. Inkompatibilismus ist die Lehre von der Unvereinbarkeit des Determinismus mit der libertarischen Freiheit, nicht mehr und nicht weniger. Dass selbst das Verb »determinieren« und das Substantiv »Determinante« gebraucht werden können, ohne dass der Sprecher eine deterministische Position vertritt, zeigt an, wie marginal die Bedeutung des universalen Determinismus für die humanwissenschaftliche Forschung tatsächlich ist. Empirisch arbeitende Wissenschaftler wissen das natürlich; es ist eine bittere Ironie, wenn diese geläufige Einsicht ausgerechnet in der Freiheitsdebatte nicht zum Tragen kommt.

In der jüngeren deutschen Willensfreiheitsdebatte wird unverdrossen und meist unwidersprochen behauptet, »dass es auch bei den hochstufigen Prozessen in unserem Gehirn, die für die Steuerung unseres Verhaltens zuständig sind, deterministisch zugeht«[41], ohne dass die schwierige Frage, worin ein empirischer Nachweis der Wahrheit des Determinismus bestehen könnte, auch nur in den Blick genommen würde. Der Determinismus wird nicht belegt, sondern nur behauptet, und als einzige Alternative zu ihm wird der dualistische Interaktionismus ausgegeben, der die Energieerhaltungssätze verletze. Dem Libertarier wird unterstellt, er nehme kausale Eingriffe immaterieller Seelensubstanzen in die Körperwelt an. Es wird synchrone mit diachroner Determination verwechselt, Verursachung mit physischer Realisierung, Theorien mit dem, was sie beschreiben. Diese philosophischen Fehler werden indes mit empirischen Befunden vermengt, was eine Auseinandersetzung mit den tatsächlichen Befunden der Neurowissenschaften erschwert. Gleichwohl muss die Relevanz der neurowissenschaftlichen Forschungsergebnisse für das Freiheitsproblem geprüft werden.[42] Von der unklaren und spekulativen These des neurophysiologischen Determinismus ist dabei kein großer Erkenntnisgewinn zu erwarten.

Das Vereinbarkeitsproblem

Das Vereinbarkeitsproblem besteht in der Frage, ob Freiheit und Determiniertheit einander ausschließen oder nicht. Die Lehre der Vereinbarkeit nennt sich in der Gegenwartsphilosophie *Kompatibilismus*, die der Unvereinbarkeit *Inkompatibilismus*.

Wie in der Einleitung bereits erwähnt, ist die einfache Gegenüberstellung dieser beiden Positionen problematisch, da Kompatibilisten und Inkompatibilisten typischerweise nicht denselben Freiheitsbegriff zugrunde legen. Der Kern des inkompatibilistischen Freiheitsbegriffs ist das So-oder-anders-Können unter gegebenen Bedingungen. Kompatibilisten verstehen »Freiheit« weniger anspruchsvoll. Viele von ihnen nennen einen Willensentschluss dann frei, wenn er ohne Zwang und äußere Hindernisse zustande gekommen ist. Als »klassischen Kompatibilismus« bezeichnet man die freiheitstheoretischen Auffassungen von Hobbes, Hume und Mill. Diese Autoren verstehen unter Freiheit die ungehinderte Ausübung der Fähigkeit, zu tun, was man will. Man kann sagen, dass Freiheit im klassischen Kompatibilismus zwei Elemente umfasst: (1) das Vermögen, seinen Willen handelnd zu verwirklichen, und (2) die Abwesenheit von Zwang und äußeren Hindernissen bei der Ausübung dieses Vermögens.

Diese Erläuterung provoziert den Einwand, dass von Willensfreiheit hier gar nicht die Rede sei, sondern nur von Handlungsfreiheit. In der Tat sagen viele Kompatibilisten ausdrücklich, dass allein unsere Handlungen frei genannt werden können, nicht hingegen der Wille. Auch in Humes berühmter Freiheitsdefinition scheint nur von Handlungsfreiheit die Rede zu sein, also davon, dass man das, was man will, auch tun kann: »Unter Freiheit können wir somit nur *eine Macht, zu handeln oder nicht zu handeln, entsprechend den*

Willensentscheidungen, verstehen.« Diese »bedingte Freiheit«, fügt Hume hinzu, werde allgemein jedem zugestanden, »der kein Gefangener ist und nicht in Ketten liegt«[43]. Vom Willen ist im klassischen Kompatibilismus nur insofern die Rede, als das Tun vom Willen abhängt. Freies Handeln ist willensgemäßes Handeln. Die kompatibilistische Pointe steckt für Hume darin, dass Handlungen nicht unverursacht sein müssen, um frei zu sein, sondern auf die richtige Art verursacht, nämlich durch innere, mentale Ursachen.

Als Ahnherr des Kompatibilismus wird gelegentlich Aristoteles angesehen. »Unfreiwillig« nennt Aristoteles ein Handeln, das »aus Zwang oder Unwissenheit geschieht«[44]. Zieht man den Umkehrschluss, dass alle anderen Handlungen als frei zu gelten haben, so erhält man die Auffassung des klassischen Kompatibilismus: Alle nicht erzwungenen Handlungen sind frei, und seien sie naturgesetzlich determiniert. Aristoteles' Auffassung zur Vereinbarkeitsfrage ist aber schwer einzuschätzen, weil er keinen Begriff der naturgesetzlichen Determination im modernen Sinne verwendet. Er spricht von »Notwendigkeit«, aber diese Notwendigkeit speist sich, wie später bei den Stoikern, aus einer anderen Modalitätsquelle, nämlich aus der Natur der beteiligten Substanzen. Mit der Natur der Dinge ist jedoch, wie oben am Beispiel des fallenden Steines beschrieben, nur eine *bedingte* Notwendigkeit verbunden. Außerdem ist ein laplacescher Determinist der Auffassung, dass der Wahrheitswert von Aussagen über die Zukunft seit dem Urknall feststeht. Aristoteles scheint dies im »Seeschlacht«-Kapitel der Schrift *Peri Hermeneias* zu leugnen.[45]

Zum klassischen Kompatibilismus wird meist auch John Locke gerechnet. Nach Locke besteht die menschliche Freiheit darin, dass »wir imstande sind, zu handeln oder nicht zu handeln, je nachdem wie wir wählen oder wollen«[46]. Mit dieser Formulierung beschränkt Locke die Freiheit, wie für Kompatibilisten üblich, auf die Handlungsfreiheit. Nun nimmt Locke aber zusätzlich noch ein *Suspensionsvermögen* an, was seine Zuordnung zum Kompatibilismus problematisch macht. Der Mensch verfüge über ein Vermögen des Innehaltens, über »die Kraft, die Verfolgung dieses oder jenes Wunsches zu unterbrechen«[47]. Diese Fähigkeit schaffe Raum für vernünftige Überlegung, nämlich für eine gründliche Prüfung der Frage, ob die Handlung tatsächlich vollziehenswert ist. Locke fügt hinzu: »Hier scheint mir die Quelle aller Freiheit zu liegen; hierin scheint mir das zu bestehen, was man (meines Erachtens unzutreffend) den *freien Willen* nennt.«[48] Unzutreffend erscheint ihm die Benennung, weil der menschliche Wille nicht frei sei, sich andere Ziele als das Glück zu setzen. Dass wir stets Lust beziehungsweise die Vermeidung von Unlust anstreben, liege in unserer Natur. Auch Locke formuliert seinen Determinismus also nicht als naturgesetzlichen, sondern als allgemeine Aussage über die Natur der menschlichen Psyche.

Zu fragen ist, ob Locke mit Recht dem Kompatibilismus zugerechnet wird. Auch wenn wir nicht wählen können, welche Antriebe oder Impulse wir in uns vorfinden, hängt es doch Locke zufolge offenbar von unserer vernünftigen Entscheidung ab, welche dieser Impulse handlungswirksam werden. Diese Abhängigkeit kann ein Determinist aber nur dann zugeben, wenn er die vernünftige Entscheidung ihrerseits als determiniert auffasst. Nun wird die Entscheidung nach Locke durch vernünftige Gründe bestimmt. Die zu klärende Frage wäre also, ob die rationale Bestimmung durch Gründe dieselbe Notwendigkeit oder Unausweichlichkeit besitzt wie die kausale Determination durch Naturgesetze und Anfangsbedingungen. Wenn dies der Fall ist, ist der Ausgang der Überlegung prädeterminiert, und Locke sähe sich dem Einwand ausgesetzt, dass die Rede vom Suspensionsvermögen eine bloße Façon de parler wäre. Locke erörtert diese Frage allerdings nicht näher, weil er von vornherein keinen Konflikt zwischen rationaler Determination und Freiheit sieht. Als Argument dafür findet sich nur die polemische Bemerkung: »Wenn Freiheit, wahre Freiheit, darin besteht, daß man sich von der Leitung der Vernunft losreißt [...], dann sind Tolle und Narren die einzig Freien.«[49] Diese Bemerkung stellt aber einen Themenwechsel dar. Umstritten ist zwischen Kompatibilisten und Libertariern nicht, ob Menschen sich von vernünftigen Gründen leiten lassen sollten, sondern ob das Überlegen in Wirklichkeit ein naturgesetzlicher Mechanismus mit determiniertem Ausgang ist. Im letzteren Fall wäre aus inkompatibilistischer Sicht das Vermögen des Prüfens, Akzeptierens oder Verwerfens eines Grundes eine bloße Illusion, denn nichts davon stünde beim Überlegen.

Einige Autoren sprechen in der Tat von einem *rationalen Determinismus*. Wenn der Ausgang einer Überlegung tatsächlich durch die Qualität der Gründe determiniert wäre, gehörte der Mensch gleich zwei deterministischen Ordnungen an, einer kausalen und einer rationalen. Dass vernünftige Gründe ebenso alternativlos determinieren wie ein naturgesetzlicher Zusammenhang, kann aber schon deshalb nicht sein, weil Menschen sich durchaus irrational verhalten können, während sie nicht die Fähigkeit haben, den Naturgesetzen zuwiderzuhandeln.

Zusammengefasst: Locke benennt mit dem Suspensionsvermögen ein Freiheitsmerkmal, das auch viele Libertarier als zentral ansehen, er zeigt aber nicht, wie dieses Vermögen mit dem physikalischen oder dem psychologischen Determinismus verträglich sein soll.

Als prototypischer Kompatibilist gilt David Hume, der das Wort von einem »Versöhnungsprojekt« geprägt hat. Zu dieser Einstufung ist zunächst zu bemerken, dass Humes Auffassung von der Regelmäßigkeit der Natur deutlich hinter dem laplaceschen Determinismus zurückbleibt. Als Empirist fragt Hume nicht danach, was kausale Verknüpfungen ihrem Wesen nach sind, sondern danach, auf welche Weise wir die Begriffe von Ursache und Wirkung erwerben. Seine Antwort lautet, dass wir aufgrund wiederholter Beobachtung gleichartiger Fälle eine Assoziationsgewohnheit ausbilden, nämlich die Gewohnheit, »beim Auftreten des einen Ereignisses dessen übliche Begleiterscheinung zu erwarten«[50]. Für die Ausbildung dieser Erwartung reicht nach Hume jedoch eine begrenzte Gleichförmigkeit aus, und mehr biete die Natur auch nicht: »Gleichförmigkeit in jeder Einzelheit gibt es nirgends in der Natur.«[51] Von ausnahmslosen deterministischen Verlaufsgesetzen sind Humes Regelmäßigkeiten also weit entfernt. Deshalb ist die Einstufung Humes als klassischer Kompatibilist erstaunlich. Um ein Kompatibilist zu sein, muss man zwar nicht notwendig den Determinismus für wahr halten, aber man muss seine Vereinbarkeitsbehauptung auf den Determinismus beziehen und nicht auf etwas ungleich Schwächeres.

Bemerkenswert ist schließlich, dass Hume zwar keinen echten Determinismus vertritt, seinem Gegner aber einen extremen Indeterminismus unterstellt, nämlich die völlige Abwesenheit irgendeiner »Gleichförmigkeit im menschlichen Handeln«, was es unmöglich machen würde, »irgendwelche allgemeinen Beobachtungen über die Menschheit zu sammeln«[52] und aus Erfahrungen induktive Schlüsse zu ziehen. Dieser rhetorische Trick wird in der Literatur nur selten durchschaut: Hume stellt die Verneinung des Determinismus als die extreme Auffassung dar, dass es in der Welt völlig chaotisch zugeht und dass Menschen nicht einmal minimal stabile Charakterzüge aufweisen. Dies ist eine Verzerrung der Gegenposition, die viele Interpreten davon ablenkt, dass Hume selbst nur an eine begrenzte Gleichförmigkeit der Natur glaubt.

Es lässt sich folgendes Zwischenfazit ziehen: Da das Verständnis von »frei« und »determiniert« zwischen Libertariern und Kompatibilisten stark schwankt, ist die Vereinbarkeitsbehauptung als solche theoretisch relativ uninteressant. Nachdem im vorigen Kapitel die These des laplaceschen Determinismus erörtert wurde, drängt sich die Einschätzung auf, dass viele der Philosophen, die dem klassischen Kompatibilismus zugerechnet werden, keine klaren Vertreter dieser Position sind. Um in einem theoretisch anspruchsvollen Sinn Kompatibilist zu sein, müsste man die Vereinbarkeit der Freiheit mit dem »echten« Determinismus erweisen. Ebendies ist für die britischen Empiristen alles andere als klar. Sie formulieren ihren Determinismus als psychologische These über die begrenzte Gleichförmigkeit der menschlichen Natur. Das Verhältnis dieser These zur Behauptung, dass Anfangsbedingungen und physikalische Gesetze den Weltlauf alternativlos festlegen, wird nicht geklärt.

Im 20. Jahrhundert hat der Kompatibilismus beständig weiter an Terrain gewonnen. Einflussreiche Kompatibilisten der ersten Jahrhunderthälfte waren George Edward Moore, Moritz Schlick und Alfred Jules Ayer. Alle drei verstanden unter Freiheit die Fähigkeit, den eigenen Willen zu verwirklichen, also Handlungsfreiheit, während sie das zusätzliche Verlangen nach Willensfreiheit für irregeleitet hielten. Ein Leitmotiv des Kompatibilismus ist die Diagnose von Verwechslungen. Die einschlägigen Verwechslungen, insbesondere die von Verursachung und Zwang, müssten beseitigt werden, dann verschwinde der Anschein der Unvereinbarkeit von allein. Die Grenzen zwischen dem Kompatibilismus und der Auffassung, dass es sich beim Freiheitsproblem um ein Scheinproblem handelt, sind deshalb fließend. Schon Hume hat in diesem Sinne behauptet, dass »alle Menschen von jeher in der Lehre von Notwendigkeit und Freiheit einig gewesen sind, wenn man diesen Ausdrücken einen vernünftigen Sinn gibt, und daß sich die ganze bisherige Kontroverse bloß um Worte gedreht hat«[53].

Kein Kompatibilist möchte hingegen von der Rede lassen, dass Handelnde etwas *können*, denn der Verzicht auf die Rede von Fähigkeiten oder Vermögen wäre eine eklatante Abweichung von unseren Alltagsauffassungen. So kann es nicht verwundern, dass ein Hauptstrang der neueren Kompatibilismusdebatte mit der Klärung des Sinns von »Können« und »Anderskönnen« befasst ist. Der wichtigste Beitrag dazu stammt von George Edward Moore. In seinem 1912 erschienenen Buch *Ethics* nähert sich Moore dem Vereinbarkeitsproblem über eine Bedeutungsanalyse der Aussage »Er hätte anders handeln können«. Seine Analyse nimmt ihren Ausgang von der Feststellung, dass das Wort »können« mehrdeutig ist. Es sei daher möglich, dass es in einem bestimmten Sinn von »können« zutrifft, dass jemand hätte anders handeln können, als er tatsächlich gehandelt hat, in einem anderen Sinn hingegen nicht. Moores Behauptung lautet nun, dass es mindestens einen unproblematischen Sinn von »Er hätte anders handeln können« gibt, in dem mit dem Satz etwas Wahres gesagt wird, und genau diese Wahrheit sei mit dem Determinismus vereinbar.

Diesen unproblematischen Sinn bringe die sogenannte *konditionale Analyse* des Könnens ans Licht. Moores Beispielsatz lautet: »Ich hätte heute morgen zwei Meilen in zwanzig Minuten laufen können.« Dieser Satz sei zu analysieren als: »Ich wäre heute morgen zwei Meilen in zwanzig Minuten gelaufen, wenn ich mich dazu entschieden hätte.« Diese Aussage scheint nun mit dem Determinismus (Moore sagt: mit dem Kausalprinzip) vereinbar zu sein, denn sie sagt ja nichts darüber, ob es unter den gegebenen Bedingungen möglich gewesen wäre, dass ich mich anders entscheide. Der Grundgedanke der konditionalen Analyse des Könnens findet sich übrigens schon bei Augustinus, später dann bei Leibniz, im britischen Empirismus und bei Schopenhauer.

Moore hat recht mit dem Hinweis, dass das Hilfsverb »können« verschiedene Arten von Möglichkeit ausdrücken kann. In dem Satz »Es kann sein, dass Schweine fliegen können« kommt das Verb zweimal vor. Nur beim zweiten Vorkommen bezeichnet es eine Fähigkeit: Dass Schweine fliegen können, ist gleichbedeutend damit, dass sie die Fähigkeit haben zu fliegen. Im Satzteil »Es kann sein« ist »kann« hingegen nicht durch »ist fähig« ersetzbar. Halten wir also fest: »Können« drückt manchmal eine echte Fähigkeit aus, manchmal nicht. Und Moore macht auf den wichtigen Unterschied zwischen solchen Handlungen aufmerksam, die im Bereich der Fähigkeiten einer Person liegen, und solchen, die es nicht tun.

Ob nun der Sinn von »Ich hätte anders handeln können« durch »Ich hätte es getan, wenn ich mich dazu entschieden hätte« richtig wiedergegeben ist, ist in der Literatur umstritten. Doch selbst wenn man Moores Analyse akzeptiert, würde dies die Frage der Vereinbarkeit mit dem Determinismus noch nicht beantworten. Wer am Freiheitsproblem interessiert ist, wird angesichts der konditionalen Analyse weiterfragen, ob der Handelnde denn anders hätte *entscheiden* können. Es tritt also eine Problemverschiebung ein. Moores Antwort lautet, dass wir uns sehr wohl auch anders hätten entscheiden können, was nämlich nichts anderes bedeute als: dass »wir uns so entschieden haben würden, wenn wir uns entschieden hätten, diese Entscheidung zu treffen«[54]. Moore wendet mithin seine konditionale Analyse des Könnens einfach ein zweites Mal an, diesmal auf »entscheiden können«. Es liegt auf der Hand, dass ihm dieser Zug nur eine kurze Atempause gewährt, denn der Libertarier wird nun fragen, ob dem Entscheider denn seine erste Entscheidung freistand. Moore könnte die Antwort ein weiteres Mal verschieben, dann ergibt sich ein Regressproblem. Das Problem lässt sich auch so ausdrücken, dass der unbefangene Freiheitsfreund schließlich am Anderskönnen *unter gleichen Bedingungen*, also bei identischer Vorgeschichte, interessiert ist. Dass jemand anders gehandelt hätte, wenn die Bedingungen – zum Beispiel die vorangegangene Überlegung und Entscheidung – anders gewesen wären, ist ja unkontrovers. Jedenfalls ist es keine Behauptung, die der Libertarier ablehnen müsste.

Moores konditionale Analyse des Könnens versucht, einen determinismusverträglichen Sinn von »Anderskönnen« zu retten. Unter deterministischen Bedingungen gilt allgemein, dass der Weltlauf zu einem bestimmten Zeitpunkt nur dann hätte anders sein können, als er tatsächlich war, wenn er sich schon vorher verzweigt hätte. Das Problem für den Deterministen ist nun, dass die besagte Schwierigkeit nach jeder Vorverlegung des fingierten Abweichungspunktes erneut auftritt: Der Determinist ist gezwungen, die Abweichung vom Tatsächlichen immer weiter vorzuverlegen. Man kann deshalb sagen, dass der Hinweis, die Abweichung hätte schon früher geschehen müssen, aus dem Munde eines Deterministen unredlich ist. Tatsächlich ist er ja der Auffassung, dass die Abweichung überhaupt nicht geschehen konnte: Nicht jetzt, nicht gestern und nicht in grauer Vorzeit konnte etwas anderes als das Tatsächliche geschehen. Nichts hätte bei Annahme des Determinismus jemals anders sein können, wenn nicht schon die gesamte Vergangenheit oder die Naturgesetze anders gewesen wären. Wenn wir aber niemals annehmen dürfen, dass in einer gegebenen Situation mehrere Möglichkeiten des Weiterverlaufs bestehen, wird auch der Sinn des *Fingierens* alternativer Geschehensverläufe fragwürdig. Der mooresche Kompatibilist behauptet zwar, dass wir mit »Anderskönnen« meinen, dass jemand unter bestimmten kontrafaktischen Bedingungen – wenn er sich nämlich zuvor anders entschieden hätte – anders gehandelt hätte. Wenn er aber als Determinist zugleich behauptet, dass diese Bedingungen niemals erfüllt sein konnten, da ihr Bestehen durch Naturgesetze und Anfangsbedingungen ausgeschlossen war, ist seine Auffassung gleichbedeutend damit, dass die Person in der gegebenen Situation eben nicht anders handeln konnte.

Um die Schwäche von Moores Argumentation einzusehen, muss man also neben dem Können im Sinne von »Fähigkeit« auch die anderen involvierten Arten von Möglichkeit und Unmöglichkeit berücksichtigen. »Können« kann, wie Moore richtig feststellt, verschiedene Arten von Möglichkeit ausdrücken, ebenso kann »nicht können« verschiedenartige Unmöglichkeiten ausdrücken. Drei Arten von Unmöglichkeit sind hier zu unterscheiden:

(a) *Logische* oder *begriffliche Unmöglichkeit*: »Es kann nicht sein, dass p« kann bedeuten, dass p logischen Gesetzen oder begrifflichen Wahrheiten widerspricht. Dass wir der Logik »unterworfen« sind und deshalb zum Beispiel einen Kuchen nicht zugleich essen und aufbewahren können, wird allgemein als nicht freiheitsgefährdend angesehen.

(b) *Naturgesetzliche Unmöglichkeit*: Dass etwas Bestimmtes nicht der Fall sein oder nicht geschehen kann, kann zweitens bedeuten, dass es den Naturgesetzen widerspricht, genauer: dass Naturgesetze und Anfangsbedingungen jeden anderen als den tatsächlichen Weltzustand ausschließen. Von dieser Art Unmöglichkeit handelt die These des universalen Determinismus.

(c) *Praktische Unmöglichkeit*: Der dritte Sinn von »nicht können« drückt fehlende Fähigkeit oder fehlende Gelegenheit aus. Moore konnte 100 Meter nicht in zehn Sekunden laufen; diese Unmöglichkeit beruhte auf kontingenten Tatsachen, nicht auf einem logischen oder physikalischen Gesetz. Die praktische Unmöglichkeit hat noch einmal zwei Komponenten: Neben der Fähigkeit, die Moore nicht besaß, hätte es der äußeren Gelegenheit bedurft, denn auch ein Weltklassesprinter kann diese Leistung nicht auf weichem Sand oder in Skistiefeln erbringen.

Wenn nun der Kompatibilismus wahr sein soll, dann muss die naturgesetzliche Unmöglichkeit, dass jemals etwas anderes geschieht als das Tatsächliche, also (b), mit dem Umstand vereinbar sein, dass Menschen etwas können, also Fähigkeiten im Sinne von (c) besitzen. Dass Menschen etwas können, darf für den Kompatibilisten nicht bedeuten, dass es in ihrer Macht steht, ob etwas Bestimmtes geschieht oder nicht, denn dies widerspräche dem Determinismus.

Moore ist der Auffassung, dass die Möglichkeit im Sinne von Fähigkeit trotz der naturgesetzlichen Unmöglichkeit bestehen bleiben kann. Diese Auffassung gehört zum Kernbestand kompatibilistischer Freiheitsauffassungen. Aber hat Moore auch ein Argument dafür? Der Determinismus ist ja eine universale These über die naturgesetzliche Fixierung des gesamten Weltlaufs, alle menschlichen Entscheidungen und Handlungen eingeschlossen. Die Modalitäten (a), (b) und (c) bestehen zusammen in ein und derselben Welt und plausiblerweise bilden sie eine hierarchische Struktur. Man würde beispielsweise in Bezug auf eine logisch unmögliche Handlung gar nicht erst fragen, ob sie denn wenigstens naturgesetzlich oder praktisch möglich sei. Logische Unmöglichkeit übertrumpft gewissermaßen die Naturgesetze und unsere Fähigkeiten. Zweitens limitieren die Naturgesetze unsere praktischen Fähigkeiten. Wir können nichts tun, was den Naturgesetzen widerspricht. Wenn nun Anfangsbedingungen und Naturgesetze den Weltlauf alternativlos fixieren, dann ist nicht zu sehen, wie durch unsere praktischen Fähigkeiten plötzlich wieder Alternativen ins Spiel kommen können sollten. Wiewohl »können« nicht überall dasselbe bedeutet, werden durch die Rede von meiner Fähigkeit, Bestimmtes zu tun, die anderen Bedingungen – logische und naturgesetzliche – nicht hinfällig. Damit ich fähig bin, etwas Bestimmtes zu tun, darf dies in *keinem* Sinne von »unmöglich« ausgeschlossen sein. Ich kann ja nichts *tun*, was in der Welt aktuell nicht *geschehen* kann. Erst wenn alle Bedingungen – logische, naturgesetzliche und praktische – gemeinsam erfüllt sind, ist es mir möglich, in einer gegebenen Situation eine bestimmte Handlung auszuführen.

Moores Argument, dass es zumindest einen Sinn von »können« gebe, in dem Menschen auch in einer deterministischen Welt anders hätten handeln können, greift also zu kurz. Allein indem man sich auf einen in der normalen Sprache etablierten Sinn von »können« beruft, hebelt man nicht den Umstand aus, dass naturgesetzliche Unmöglichkeit andere, schwächere Möglichkeiten verschließt. In unserer gewöhnlichen Rede über Fähigkeiten ist schon präsupponiert, also stillschweigend unterstellt, dass sich unsere Fähigkeiten im Bereich der Naturgesetze und der logischen Gesetze bewegen. Dass es nicht immer eigens erwähnt wird, zeigt nur, wie selbstverständlich diese Unterstellung ist. Wird behauptet, dass jemand in der gegebenen Situation anders hätte ent-

scheiden können, so bedeutet dies, dass es *nichts* gab, was eine andere Entscheidung unmöglich gemacht hätte – nicht mangelnde Fähigkeiten, nicht die Naturgesetze, nicht die Gesetze der Logik.
Das bedeutet keineswegs, dass Fähigkeiten allein dadurch verloren gehen, dass sie nicht in jeder Situation ausgeübt werden können. Wenn wir dem Weltklassesprinter, dessen Fuß in Gips liegt, weiterhin die Fähigkeit zusprechen, 100 Meter in zehn Sekunden zu laufen, dann setzen wir voraus, dass die Behinderung irgendwann einmal überwunden sein wird oder doch im Prinzip überwindbar ist. In einer deterministischen Welt liegt der Fall aber anders. Das Vermögen des So-oder-anders-Entscheidens kann dort niemals ausgeübt werden. Jeder Mensch hätte immer nur diejenige Entscheidung treffen können, die er tatsächlich getroffen hat.

Eine einflussreiche Neubegründung des Kompatibilismus hat 1962 Peter Strawson unternommen. Strawson ist ein Vertreter des *agnostischen* Kompatibilismus, also derjenigen Position, die bezüglich der Wahrheit des Determinismus indifferent bleibt. Strawson behauptet sogar, nicht einmal genau zu wissen, was die These des Determinismus besagt. Dieses Eingeständnis hat die rhetorische Funktion, dem Leser die Irrelevanz der Determinismusfrage nahezubringen. Strawsons Thema sind unsere moralischen Haltungen und Reaktionen wie Dankbarkeit, Wohlwollen, Übelnehmen, Verachtung oder Zuneigung, die wir gegenüber anderen Personen und ihren Handlungen einnehmen, sowie unsere Praxen des Tadelns und Lobens, Strafens und Belohnens, in denen diese Haltungen ihren Ausdruck finden. Ein frei handelndes Wesen zu sein bedeutet dann, ein geeignetes Objekt für die genannten »nichtdistanzierten« Haltungen zu sein. Diese Haltungen und Praxen sind überdies in reziproke Verhältnisse eingebettet, sie sind »natürliche menschliche Reaktionen auf den guten oder bösen Willen oder die Gleichgültigkeit anderer uns gegenüber, wie sie in *ihren* Haltungen und Handlungen sich zeigt«[55].

Ein Fortschritt gegenüber dem klassischen Kompatibilismus besteht darin, dass bei Strawson Belohnung und Strafe nicht mehr sozialtechnologisch verkürzt werden. Frühere Kompatibilisten sehen Strafe und Belohnung allein dadurch gerechtfertigt, dass sie das Verhalten anderer erfolgreich beeinflussen. Indem Strawson unsere moralischen Haltungen als nicht begründungsbedürftige Reaktionen in der menschlichen Natur verankert, gelangt er über diese instrumentalistische Deutung hinaus.

Strawsons Hauptthese lautet nun, dass dieses Geflecht von Haltungen und Praxen eine Lebensform bildet, die wir nicht als Ganzes aufgeben könnten, selbst wenn wir den Determinismus für wahr hielten. Darin besteht sein Kompatibilismus: in der Behauptung, dass unser Festhalten an diesen Haltungen und Praxen nicht die Widerlegung des Determinismus erfordere. Dabei leugnet Strawson nicht, dass wir unsere teilnehmende, nichtdistanzierte Einstellung im Einzelfall durch eine objektive ersetzen können. Wir machen kleine Kinder oder psychisch gestörte Personen zum Objekt sozialer Techniken wie Erziehung, Therapie oder Konditionierung. Aber die Einnahme einer objektiven Haltung ist eben nicht der Normalfall, sondern der begründungsbedürftige Ausnahmefall, und die Begründung kann nach Strawson nicht der Determinismus sein. Der Determinismus ist eine universale These und begründet gerade nicht die Ausnahme von der Regel.

Welchen Ertrag Strawsons Argumentation zur Begründung oder Plausibilisierung des Kompatibilismus erbringt, ist alles andere als klar. Rekapitulieren wir die Hauptthesen:
- Wir nehmen nichtdistanzierte Einstellungen gegenüber anderen Menschen ein, ohne intensiv über Determinismus nachgedacht zu haben, oft auch ohne genau zu wissen, was die These des Determinismus eigentlich besagt.
- Wir könnten diese Einstellungen und Praxen nicht insge-

samt aufgeben, selbst wenn wir dies aus theoretischen Gründen für richtig hielten, denn unsere Lebensform radikal zu ändern liegt nicht in unserer Natur.
- Wenn wir in bestimmten Fällen einen Täter wegen mangelnder Zurechnungsfähigkeit entschuldigen, dann ist unser Grund dafür nicht der Glaube an den universalen Determinismus.

Die zentrale Stellung der These der *Unaufgebbarkeit* unserer Haltungen und Praxen verführt dazu, Strawsons Argumentation gegen den Strich zu lesen, denn diese These ist ja nicht charakteristisch für den Kompatibilismus. Dass wir unsere auf nichtdistanzierten Haltungen beruhende Lebensform nicht einfach aufgeben könnten, selbst wenn wir es wollten, zeigt ja noch nicht, dass wir den Determinismus ernstlich für wahr halten können. Dafür müsste unabhängig argumentiert werden, was Strawson als agnostischer Kompatibilist aber nicht tut.

Ein Libertarier wird Strawsons Überlegung einfach umdrehen: Dass wir jemanden für das, was er getan hat, loben oder tadeln, beruht auf der Annahme, dass er eine Wahl hatte. Der Handelnde hat eine von mehreren Möglichkeiten ergriffen – diese Annahme bringt jedenfalls jeder mit, der noch nicht durch kompatibilistische Philosophie belehrt worden ist. So betrachtet, spricht der Umstand, dass wir unsere moralischen Reaktionen nicht nach Belieben abstellen können, dafür, dass wir auch die Annahme, dass Menschen sich im Normalfall auch anders hätten entscheiden können, nicht einfach aufgeben können. Das wiederum würde bedeuten, dass wir den Determinismus, der ja die direkte Negation des Bestehens alternativer Möglichkeiten ist, gar nicht ernsthaft für wahr halten können. Strawson hat recht, dass wir im Alltag wie vor Gericht Menschen verantwortlich machen oder entschuldigen, ohne einen Gedanken an den Determinismus zu verschwenden. Aus diesem Umstand schließen agnostische Kompatibilisten, dass unsere Praxen auch in einer deterministischen Welt gerechtfertigt wären. Zwischen beiden Behauptungen besteht jedoch eine große Lücke.

Zu der schwierigen Frage, wie man sich menschliche Entscheidungen und Handlungen ohne das Bestehen alternativer Möglichkeiten vorzustellen hat, nimmt Strawson überhaupt nicht Stellung. Dazu passt, dass er den genauen Sinn nicht nur der Determinismusthese, sondern auch der libertarischen Gegenposition offenlässt. Nur der Schlusssatz seines Aufsatzes, in dem er sich gegen den »Rekurs auf die obskure und panikhafte Metaphysik der libertarischen Willensfreiheit« wendet[56], deutet an, dass Strawson offenbar Standardeinwände gegen die libertarische Freiheitskonzeption teilt, ohne sie dem Leser allerdings darzulegen. – Strawsons Argumentation hat viele Anhänger gefunden, sodass man heute von den »reactive attitude theories« als einer eigenen Spielart des Kompatibilismus spricht.

Die gemeinsame Auffassung aller Kompatibilisten, dass das Bestehen alternativer Möglichkeiten im Sinne einer objektiven Nichtdeterminiertheit des Weltverlaufs für Freiheit nicht erforderlich ist, lässt die Frage offen, welche Bedingungen denn dann erfüllt sein müssen, um von Freiheit zu sprechen. Nachzutragen ist also das positive Freiheitsverständnis des Kompatibilismus. Handlungen und Entscheidungen sind aus kompatibilistischer Sicht nicht indeterminiert, sondern müssen *auf geeignete Art determiniert* sein, um als frei zu gelten. Eine Handlung muss dem klassischen Kompatibilismus zufolge vom Willen des Handelnden abhängen, nicht von anderen Determinanten. Aristoteles nennt Zwang und Unwissenheit als Faktoren, die eine Handlung unfreiwillig machen. Diese kurze Liste haben andere Philosophen verlängert: Auch innere Zwänge wie Psychosen, starke Affekte, Süchte und verfestigte Gewohnheiten schränkten die Freiheit der Willensbildung ein. Hier besteht allerdings eine theoretische Spannung innerhalb des Kompatibilismus, denn Humes Bestimmung der Freiheit als einer Fähigkeit, »zu handeln oder nicht zu handeln, entsprechend den Willensentscheidungen«, schließt diese Faktoren nicht aus. Innere Zwänge ändern ja nichts an der geforderten Abhängigkeit der Handlung vom Willen, auch wenn sie zweifellos die Fähigkeit beeinträchtigen, seinen Willen selbstständig und reflektiert zu bilden.

Um dieses Problem der mangelnden Sensibilität des klassischen Kompatibilismus für innere Zwänge zu lösen, hat Harry Frankfurt den Bezug auf *höherstufige Wünsche* vorgeschlagen. Menschen haben nicht bloß gewöhnliche Wünsche, sondern auch Wünsche, die sich auf diese Wünsche erster Ordnung richten. So könnte ein Alkoholiker zwei Wünsche zugleich haben: den Wunsch, Alkohol zu trinken, und den Wunsch, dass er diesen Wunsch nicht hätte. Er würde seine Alkoholsucht viel lieber überwinden, doch ändert dieser höherstufige Wunsch nichts an seinem dringenden Wunsch, hier und jetzt etwas zu trinken. Frankfurt spricht davon, dass ein solcher Süchtiger sich nicht mit seinen Wünschen erster Ordnung *identifiziert*.[57] Eben dies sei aber für Willensfreiheit zusätzlich erforderlich. Es dürfe beim Akteur keinen Konflikt zwischen seinen Wünschen erster und denen höherer Ordnung geben. Man nennt diese Auffassung eine *Theorie der hierarchischen Motivation*.

In der Debatte über Frankfurts Vorschlag ist schnell deutlich geworden, dass die Übereinstimmung zwischen den Wünschen erster und zweiter Ordnung nicht genügt. So könnte ein Mitglied einer Sekte durchaus den Wunsch zweiter Ordnung haben, stets das zu wünschen, was die Sekte von ihm fordert, ohne über *diesen* Wunsch jemals nachgedacht zu haben. Auch Wünsche zweiter Stufe können also unreflektiert sein, sie können beispielsweise durch subtile Manipulation erzeugt worden sein. Muss man also zusätzlich eine dritte Ebene fordern, auf der der Akteur sich mit seinen Wünschen zweiter Ordnung identifiziert? Hier droht ein Regress. Die Diskussion darüber, ob es den hierarchischen Motivationstheorien gelingt, diesen Regress abzuwenden, ist bis heute nicht abgeschlossen.

Libertarische Freiheit:
Wir können auch anders

Der Inkompatibilismus, also die Lehre der Unvereinbarkeit von Willensfreiheit und Determinismus, verhält sich neutral zu der Frage, ob der Determinismus wahr ist. Er kann also mit beiden Auffassungen kombiniert werden: Der sogenannte *harte Determinismus* hält den Determinismus für wahr und Freiheit für nicht existent. Dem *Libertarismus* zufolge verhält es sich umgekehrt: Der Wille ist frei, der Determinismus ist falsch.

Der harte Determinismus wird in der jüngeren fachphilosophischen Diskussion noch seltener vertreten als der Libertarismus. Es gibt nur wenige Gegenwartsphilosophen, die die Existenz selbst der kompatibilistisch konzipierten Freiheit rundheraus bestreiten. Aus der bloßen Tatsache, dass es sich beim harten Determinismus um eine Radikalposition handelt, folgt natürlich nicht, dass sie nicht wahr oder gut begründet sein kann. Aber diese Tatsache verschiebt zumindest die Begründungslast. Und der harte Determinist hat zu erklären, wie es zu der tief verankerten, in unsere gewöhnliche Zuschreibungspraxis eingebauten Freiheitsannahme kommen konnte, die gleichwohl eine systematische Täuschung sein soll.

Auch unter den Freiheitsleugnern gibt es nur wenige, die die undankbare Aufgabe auf sich nehmen wollen, die Wahrheit des Determinismus nachzuweisen. Entsprechend überwiegen im freiheitsskeptischen Lager mittlerweile *agnostische* Positionen, also solche, die es dahingestellt sein lassen, ob wir in einer deterministischen Welt leben. So leugnen Derk Pereboom und Galen Strawson die Freiheit unabhängig von einer Entscheidung in der Determinismusfrage. Willensfreiheit sei sowohl unter deterministischen wie unter indeterministischen Bedingungen unmöglich. Man nennt diese Auffassung auch *Freiheitspessimismus* oder *harten Inkompatibilismus*.

Im Zentrum der *libertarischen* Freiheitsauffassung steht das So-oder-anders-Können unter gegebenen Bedingungen. Nach libertarischer Auffassung steht zu keinem Zeitpunkt vor dem tatsächlichen Handlungsbeginn fest, ob die Handlung stattfinden wird. Es gibt, mit anderen Worten, vor Handlungsbeginn keine kausal hinreichenden Bedingungen für das Stattfinden der Handlung. Der Person ist es stets noch möglich, die Handlung zu unterlassen, weiterzuüberlegen und sich umzuentscheiden. Die Unvereinbarkeit dieser Auffassung mit dem Determinismus liegt auf der Hand, denn dieser behauptet ja, dass der gesamte Weltlauf seit Menschengedenken und darüber hinaus durch Anfangsbedingungen und Naturgesetze festgelegt ist.

Libertarier sprechen zum einen von *alternativen Möglichkeiten*, zum anderen vom *Anders-handeln-Können*. Es liegt nahe, entsprechend zwei Versionen des Prinzips der alternativen Möglichkeiten zu unterscheiden, eine allgemeine und eine auf Handlungen bezogene. Das allgemeine Prinzip betrifft den Weltlauf als Ganzen und sagt, dass zu einem gegebenen Zeitpunkt stets verschiedene Möglichkeiten des Weiterverlaufs bestehen. Das für Handlungen spezifizierte Prinzip wird aus irgendeinem Grunde meist in der Vergangenheitsform formuliert und sagt, dass ein Akteur unter den gleichen Bedingungen hätte anders handeln können. Es liegt auf der Hand, dass das Anders-handeln-Können eine Spezifizierung des allgemeinen Prinzips ist und dass wir nur dann so oder anders handeln können, wenn auch der Weltlauf Verzweigungsmöglichkeiten enthält, denn unsere Handlungen sind ja Teil des Weltlaufs. Wenn es wahr sein soll, dass jemand hätte anders handeln können, muss auch gelten, dass anderes hätte *geschehen* können.

Interessanterweise gibt es in der Debatte kaum explizite Argumente zugunsten des So-oder-anders-Könnens. Der Grund dafür ist, dass die meisten Libertarier das Freiheitsmerkmal des Anderskönnens schon durch unsere gewöhnliche Rede über Handlungen und Entscheidungen impliziert sehen. Wie sollte es in einer deterministischen Welt, die keine Verzweigungsmöglichkeiten bietet, etwas für uns zu entscheiden geben? Dass alternative Möglichkeiten bestehen müssen, von denen wir als Entscheidende und Handelnde eine ergreifen, hält der Libertarier für eine Selbstverständlichkeit.

Das einzige Argument, das diese Intuition zugunsten des Inkompatibilismus zumindest expliziert, wenn auch nicht begründet, ist das sogenannte *Konsequenzargument*. Dieses Argument, das der Libertarier Peter van Inwagen populär gemacht hat, besteht aus zwei Prämissen und einer Konklusion:

(P1) Wenn der Determinismus wahr ist, folgen unsere Handlungen aus Naturgesetzen und Ereignissen der fernen Vergangenheit.
(P2) Es steht nicht in unserer Macht, die Naturgesetze oder die Ereignisse der fernen Vergangenheit zu ändern.
(K) Also stehen auch die kausalen Konsequenzen der Vergangenheit und der Naturgesetze nicht in unserer Macht, unsere eigenen Handlungen eingeschlossen.[58]

Was ist durch dieses Argument gewonnen? Es beansprucht, aus allseits akzeptierten Prämissen eine Folgerung abzuleiten, die der Kompatibilist zwar ablehnt, die er aber vernünftigerweise nicht ablehnen dürfte. Wenn er es gleichwohl tut, scheint er eine der beiden Prämissen ablehnen zu müssen.

Die erste Prämisse ist nur eine Erläuterung oder eine direkte Konsequenz aus der These des Determinismus. Der Determinismus ist eine universale Behauptung über den Weltlauf. Unsere Handlungen sind Teil des Weltlaufs, also unterliegen auch sie der Determination durch Naturgesetze und Anfangsbedingungen. Die zweite Prämisse ist zweiteilig: Dass wir die Vergangenheit nicht ändern können, ist unkontrovers. Dass wir die Naturgesetze nicht ändern können, sollte ebenfalls

unkontrovers sein, wenn man sich klarmacht, was gemeint ist. Nach van Inwagen ist gemeint, dass wir ein Naturgesetz nicht *falsch machen* können. Wir können zwar Gesetzeshypothesen *als falsch erweisen* – das verstehen Philosophen gewöhnlich unter »falsifizieren« –, doch niemand kann Wahres in Falsches verwandeln. Anders gesagt: Was auch immer wir als falsch erweisen, es kann kein Naturgesetz gewesen sein, denn wir nennen nur wahre Aussagen Naturgesetze.
Das Konsequenzargument ist kein Argument für den Libertarismus, sondern eines für die Unvereinbarkeitsthese. In der Sache glaubt van Inwagen als Libertarier, dass die Konklusion falsch ist und dass man daraus auf die Falschheit des Determinismus rückschließen kann. Wenn man schon davon überzeugt ist, dass Handlungen in der Macht der Handelnden stehen, kann man das Argument auch umkehren: Mein Handeln steht in meiner Macht, dies ist bei Annahme des Determinismus nur möglich, wenn die Naturgesetze oder die Vergangenheit anders wären. Beides ist nicht möglich, also muss der Determinismus falsch sein. So argumentiert auch der Libertarier Roderick Chisholm: »Aber wenn nun die Handlung, die er *vollzog*, eine Handlung war, die *nicht* zu vollziehen auch in seiner Macht stand, dann hätte sie nicht verursacht oder determiniert sein können durch irgendein Ereignis, hinsichtlich dessen es nicht wiederum in seiner Macht stand, es herbeizuführen oder nicht herbeizuführen.«[59]
Obwohl diese Überlegung schwer von der Hand zu weisen ist, sehen Kompatibilisten das Anderskönnen unter gegebenen Bedingungen als eine kühne These an. Man kann vermuten, dass die übliche retrospektive Formulierung des Anderskönnens dabei eine wichtige Rolle spielt (»Hätte er anders handeln können?«). Dieser Bezug auf die Vergangenheit bringt eine zusätzliche Komplikation ins Spiel, die mit dem Freiheitsproblem nichts zu tun hat, nämlich den Umstand, dass man die Vergangenheit nicht ändern kann. Dieser Umstand wird auch von Inkompatibilisten akzeptiert, aber er ist für das Anderskönnen irrelevant. Unsere Fähigkeiten

richten sich immer auf die Zukunft, nicht auf die Vergangenheit. Bei der Erläuterung des Anderskönnens nimmt man daher besser auf die Gegenwart mit ihren gegebenen Umständen Bezug. Natürlich handeln wir immer unter bestimmten Umständen. Diese Umstände sind, wie sie sind, und können nicht zugleich anders sein. Das Vermögen, zu entscheiden und zu handeln, haben wir entweder unter diesen Umständen oder wir haben es überhaupt nicht. Es dient deshalb der Klarheit, das Anderskönnen im Präsens zu formulieren. Wer leugnet, dass jemals jemand »unter identischen Umständen« anders hätte entscheiden können, der leugnet auch, dass jemand jetzt, unter den gegebenen Umständen, so oder anders entscheiden kann.

Die vortheoretische Intuition, dass das So-oder-anders-Können eine offene, beeinflussbare Zukunft erfordert, wird von kompatibilistischer Seite nur selten direkt angegriffen. Es überwiegen indirekte Argumente. Die Ablehnung der libertarischen Freiheit hat offenbar zusätzliche Gründe, die mit internen Schwierigkeiten des Libertarismus zusammenhängen. Viele Kritiker bezweifeln den Nutzen des Indeterminismus für die Freiheitsannahme, ohne selbst überzeugte Determinsten zu sein. Die wichtigste Rolle spielt in diesem Zusammenhang der Zufallseinwand: Eine indeterminierte Wahl, so wird dem Libertarier entgegengehalten, könne auch nicht vom Handelnden determiniert sein. Sie wäre von einem Zufallsereignis ununterscheidbar und eine bloß zufällig geschehende Handlung nütze dem Libertarier nichts.

Neben dem Zufallsproblem gibt es noch eine Reihe von Einwänden gegen den Libertarismus, die auf verzerrten Darstellungen seiner Position beruhen. In der jüngeren Freiheitsdebatte wird nämlich das definierende Merkmal der libertarischen Freiheit, das So-oder-anders-Können unter gegebenen Bedingungen, mit einer Reihe von Zusatzbehauptungen verknüpft, die dem Libertarier unterstellt werden, um die Absurdität seiner Auffassung zu erweisen. Hier sollen nun vier dieser *Mythen über den Libertarismus* diskutiert werden.

(a) Der Mythos der Unbedingtheit: *Libertarische Freiheit ist Freiheit von allen Bedingungen.*
Ein freier Wille, wie der Libertarier ihn fordere, ist nach dieser Auffassung ein durch nichts bedingter Wille. Insbesondere sei er unabhängig von den Einstellungen und dem Charakter der wollenden Person. In Peter Bieris Freiheitsbuch wird ein solcher durch nichts bedingter Willensentschluss, der auf beliebige Weise ausfallen kann, ausführlich beschrieben und kritisiert.[60] Ein Wille, der keinerlei Bedingungen unterläge, ist nach Bieri nicht bloß illusorisch, er ist auch nicht wünschenswert. Freiheit, die es sich zu haben lohnt, ist etwas anderes als ein kapriziöses, unkontrolliertes Vermögen.
Versteht man unter unbedingter Freiheit die Fähigkeit, losgelöst von seinen psychischen Dispositionen grundlos zu wählen, so kann man Bieri darin zustimmen, dass dies keine erstrebenswerte Art von Freiheit ist. Schon Hume hat argumentiert, dass eine solche Freiheit die Zurechnung von Handlungen gerade unmöglich mache. Damit man einer Person ihre Entschlüsse und Handlungen zurechnen kann, müsse die Person eine gewisse charakterliche Stabilität aufweisen.[61] Wir tadeln und loben ja nicht die Taten selbst, sondern Personen für ihre Taten, und wir möchten dadurch das künftige Verhalten der Person beeinflussen.
Unter den Mythen des Libertarismus führe ich die Lehre vom unbedingten Willen auf, weil kein libertarischer Philosoph von Rang sie jemals vertreten hat. Auch bei Bieri wird das Phantom des unbedingt freien Willens nur eloquent heraufbeschworen, nicht aber aus der philosophischen Freiheitsdebatte entwickelt. Am nächsten kommt der Idee der grundlosen Wahl noch der *acte gratuit* im französischen Existenzialismus, aber auch dort handelt es sich eher um einen literarischen Topos als um eine philosophische These. Gide, Breton, Sartre und Camus waren fasziniert von dem unmotivierten, bedenkenlos und gleichsam spielerisch ausgeführten Verbrechen, Gide prägte dafür den Begriff des *acte gra-*

tuit. Bezeichnenderweise ist auch Bieris Gewährsmann eine literarische Figur, nämlich Dostojewskis Mörder Raskolnikow. Um einen Beitrag zur Vereinbarkeitsdebatte zu leisten, wäre zu zeigen, dass die Abwesenheit einer laplaceschen Determination gleichbedeutend mit der Annahme eines im beschriebenen Sinne unbedingt freien Willens ist, sodass der Libertarier auf diese Annahme verpflichtet wäre. Diejenigen, die den Mythos der unbedingten Freiheit pflegen, entziehen sich dieser Aufgabe, indem sie – wie Bieri – ihren Determinismusbegriff im Unklaren lassen.

(b) Der Mythos des Dualismus: *Libertarier leugnen, dass Personen und ihre Entscheidungen Teil der einen, natürlichen Welt sind.*
Behauptet wird mit anderen Worten, dass Libertarier Geist-Körper-Dualisten sind. So referiert der Hirnforscher Gerhard Roth die libertarische Freiheitsauffassung wie folgt: »Der freie Akt darf natürlich selbst nicht wieder zerebral bedingt sein, sondern muß völlig immateriell, d. h. ohne jede Hirnaktivität vor sich gehen.«[62] Wenn der Libertarier behaupte, dass die freie Wahl einer Person nicht durch Vorgänge in ihrem Gehirn »bedingt« sei, dann hänge er offenbar dem cartesischen Dualismus an. Wolf Singer schreibt: »Verschaltungen legen uns fest: Wir sollten aufhören, von Freiheit zu sprechen. [...] Keiner kann anders, als er ist.«[63] Was ist hier schiefgelaufen? Es wurde der *synchrone* Sinn von »determinieren«, »festlegen« oder »bedingen« mit dem *diachronen*, kausalen Sinn dieser Ausdrücke verwechselt. Dasjenige Festlegen, von dem der Determinismus spricht, ist ein Vorgang in der Zeit. Dasjenige Festgelegtsein, von dem Roth und Singer sprechen, ist hingegen eine Beziehung zwischen einem mentalen Ereignis und seinem zeitgleichen neuronalen Korrelat oder Substrat. Die Verwechslung der beiden Arten von »Determination« führt zur Identifikation des neuronalen Substrats eines mentalen Ereignisses mit dessen Ursache. Zwischen einem mentalen Ereignis und seinem zeitgleichen

Substrat kann es aber keine Kausalbeziehungen geben, weder in der einen noch in der anderen Richtung. Mentale Ereignisse sind nach allem, was wir wissen, physisch realisiert, doch diese Realisierungsbeziehung hat mit dem Determinismus nichts zu tun und ist als solche auch nicht freiheitsgefährdend. Tatsächlich ist das Anderskönnen des Libertariers kein Anderskönnen gegenüber einem aktuellen physiologischen Geschehen, das wäre absurd, sondern es ist ein Anderskönnen bei gegebener Vorgeschichte. Niemand kann die Gegenwart anders sein lassen, als sie nun einmal ist. Es geht vielmehr darum, ob ein Handelnder die Welt von einem gegebenen Punkt an auf mehr als eine Weise weiterverlaufen lassen kann.

Die Erforschung neuronaler Korrelate des Mentalen ist somit für das Freiheitsproblem irrelevant, solange nicht zusätzlich ein echter Determinismus vertreten wird. Noch einmal: Warum sollte der Umstand, dass mentale Prozesse physisch realisiert sind, dass also in meinem Gehirn etwas vorgeht, während ich etwas denke oder will, meine Freiheit gefährden? Wer hier einen Widerspruch sieht, der gründet seine Freiheit tatsächlich auf den Dualismus. Solche Philosophen gibt es natürlich, aber wir sollten dabei bleiben, sie Geist-Körper-Dualisten zu nennen. Libertarier müssen diese Auffassung nicht vertreten.

(c) Der Mythos der lokalen Kausallücke: *Für freie Entscheidungen muss es eine spezielle Art von neuronaler Indeterminiertheit geben, also Determinationslücken in Hirnprozessen, in die der freie Wille hineinstoßen kann.*

Dies ist eine Auffassung, die durch Epikur und Descartes bekannt geworden und in Verruf gekommen ist. Nach Epikur lässt die Natur geringe »willkürliche« Bahnabweichungen der Seelenatome zu. Nach Descartes ist die Zirbeldrüse so locker im Gehirn aufgehängt, dass an dieser Stelle, und nur dort, der Geist auf die Körperwelt einwirken kann. Im 20. Jahrhundert hat eine Reihe von Physikern und Philosophen, angefangen mit Pascual Jordan, dafür argumentiert, dass der quantenmechanische Indeterminismus die libertarische Freiheit ermöglicht. Mehrheitlich ist allerdings die Auffassung, dass Quantensprünge uns frei machen, mit Hohn und Spott überzogen worden, wobei der Zufallseinwand die zentrale Rolle gespielt hat. Wie sollten, so fragte Erwin Schrödinger schon 1936, bloße Zufallsereignisse unsere Freiheit gewährleisten? Und wie schafft es der Geist, seine Entscheidungen zeitlich exakt in die minimalen Kausallücken zu platzieren, deren Auftreten schließlich unvorhersehbar ist?

Der Auffassung, es müsse für freie Entscheidungen eine spezielle Art von neuronaler Indeterminiertheit geben, liegt ein Missverständnis über die Natur des Determinismus und entsprechend des Indeterminismus zugrunde. Wer nach einer *speziellen* Art von Indeterminiertheit bei freien Entscheidungen sucht, scheint *allgemein* den Determinismus für wahr zu halten. Ebendiese Auffassung wird dem Libertarismus auch von seinen Kritikern zugeschrieben: »Die Idee der Willensfreiheit mutet uns zu, in einem ansonsten deterministisch verfaßten Bild von der Welt lokale Löcher des Indeterminismus zu akzeptieren.«[64] Wohlverstanden ist Indeterminiertheit aber kein lokaler Zug der Welt, sondern ein globaler. Indeterminismus – und vielleicht sollte man besser vom Nichtdeterminismus sprechen – ist nichts anderes als die Auffassung, dass der laplacesche Determinismus nicht wahr ist, dass also der Weltlauf keinen ausnahmslosen Sukzessionsgesetzen unterliegt. In diesem Sinne ist dann *kein* Ereignis determiniert. Und dann muss es keine Lücken oder gesetzlose Inseln im Meer der strengen Determination geben, denn schon dieses Meer gibt es nicht.

Der Mythos der lokalen Kausal- oder Determinationslücken ist so tückisch, weil er so nahe an der Wahrheit ist. Wer partout von Lücken sprechen will, kann dies tun, er muss nur erklären, was er damit meint. Die Rede von Lücken könnte einfach eine Reformulierung des Prinzips der alternativen

Möglichkeiten sein. Lücken sind dann offene Möglichkeiten, also diejenigen möglichen Verläufe, die durch Naturgesetze nicht ausgeschlossen sind. Wenn ich anders gehandelt hätte, als ich tatsächlich gehandelt habe, hätte ich meine Handlungen in eine solche Determinationslücke platziert.
Behauptet nun der Indeterminismus als globale Doktrin, dass die Welt sich vollständig aus Determinationslücken im besagten Sinne zusammensetzt? Nein, aus einem wohlverstandenen Indeterminismus folgt nicht, dass jederzeit Beliebiges geschehen kann. Viele mögliche Verläufe sind durch Naturgesetze ausgeschlossen. Zum Beispiel ist es, soweit wir wissen, naturgesetzlich unmöglich, dass jemand sich schneller als das Licht bewegt. Doch alles, was nicht naturgesetzlich unmöglich ist, bleibt möglich. Dass niemand diejenigen Naturgesetze vorweisen kann, die angeblich den Determinismus stützen, bedeutet ja nicht, dass die Wissenschaft völlig ohne Naturgesetze auskommen muss. Positiv fasst man Naturgesetze am besten als *Restriktionen* auf, die einige Möglichkeiten verschließen, aber viele andere offenlassen. Wenn den Naturgesetzen Genüge getan ist, gibt es nicht noch einmal einen Mechanismus, der Spielräume vernichtet. Nichts anderes behauptet der hier vertretene Indeterminismus: die Abwesenheit einer Vorrichtung, die alle Möglichkeiten bis auf eine verschließt. Es kann daher keine Rede davon sein, dass der Libertarier die Naturgesetze leugnet oder für abänderbar hält. Vielmehr weist er auf den Umstand hin, dass die naturgesetzlichen »constraints from physics are only partial constraints. There is much freedom left after they are satisfied.«[65]

(d) Der Mythos des unbewegten Bewegers: *Nach libertarischer Auffassung können frei wählende Personen Wunder bewirken oder sind erste Beweger, die Kausalketten in Gang setzen. In jedem Falle leugnen Libertarier die kausale Geschlossenheit der Körperwelt beziehungsweise die Geltung physikalischer Erhaltungssätze.*

Beginnen wir mit der Behauptung, Libertarier hielten Wunder für möglich. Ein Wunder ist nach Hume ein Verstoß gegen ein Naturgesetz. Dass niemand Naturgesetze falsch machen kann, glaubt der Libertarier auch, denn dies ist ja eine der Prämissen des Konsequenzarguments für den Inkompatibilismus. Der Streit geht um die Frage, ob man Naturgesetze falsch machen können *müsste*, um in den Genuss libertarischer Freiheit zu kommen. Dies wäre aber nur der Fall, wenn man den Determinismus schon als wahr voraussetzt, also behauptet, die Naturgesetze seien halt so, dass sie alle Handlungsmöglichkeiten bis auf eine verschließen. Solange keines dieser Naturgesetze vorgewiesen wird, sollte der Libertarier von diesem Argument nicht allzu beeindruckt sein. Menschen können Naturgesetze in der Tat nicht falsch machen, denn in den Gesetzesbegriff ist das Merkmal des Wahrseins schon eingebaut. Menschen können hingegen sehr wohl Gesetzeskandidaten *als falsch erweisen*. Durch eine solche Falsifikation wird gezeigt, dass etwas, was man für ein Gesetz hielt, keines war, sondern nur eine Gesetzeshypothese. Wunder sind dafür nicht erforderlich.

Die Behauptung, dass Libertarier Handelnde als *Erste Beweger* auffassen, die Kausalketten in Gang setzen, ist nicht so leicht zurückzuweisen, denn in der Tat gibt es prominente Libertarier, die dies vertreten haben. Der Akteurskausalist Roderick Chisholm spricht dieses große Wort gelassen aus: »Jeder von uns ist [...] ein erster, seinerseits unbewegter Beweger.«[66] Bei Kant gibt es ähnliche Formulierungen: Wir hätten das Vermögen, »mitten im Laufe der Welt verschiedene Reihen, der Kausalität nach, von selbst anfangen zu lassen« und also »aus Freiheit zu handeln«[67]. Diese Formulierungen sind interpretationsbedürftig. In der neueren Literatur sind drei kausalitätstheoretische Interpretationen des Libertarismus unterschieden worden. Das Anderskönnen unter gegebenen Umständen können Libertarier *akausal*, *akteurskausal* oder *indeterministisch ereigniskausal* auffassen:

- *Akausalisten* oder *Nonkausalisten* behaupten, dass freie Entscheidungen oder freie Handlungen keine Ursachen haben.
- *Akteurskausalisten* behaupten, dass Entscheidungen oder Handlungen durch Akteure verursacht werden.
- *Indeterministische Ereigniskausalisten* behaupten, dass Entscheidungen und Handlungen durch Ereignisse verursacht werden, allerdings auf nichtdeterministische Weise.

Die Lehre von der *akausalen* Freiheit gibt dem Einwand Nahrung, dass der Libertarismus mit einem wissenschaftlichen Weltbild unvereinbar sei. Entscheidungen und Handlungen sind ja Ereignisse oder gehen jedenfalls mit solchen einher. Das allgemeine Kausalprinzip lautet in Kants Formulierung: »Jedes Ereignis hat eine Ursache.« Wenn nun der Libertarier behauptet, dass Entscheidungen oder Handlungen unverursacht geschehen, so leugnet er das allgemeine Kausalprinzip. Dieses Prinzip ist aber nach Kant eine Bedingung der Möglichkeit wissenschaftlicher Erkenntnis. Nun ist das Kausalprinzip nicht mit dem Determinismusprinzip identisch. Dass jedes Ereignis eine Ursache hat, ist nicht gleichbedeutend damit, dass jedes Ereignis unter deterministische Verlaufsgesetze fällt. Die Gesetzesauffassung der Kausalität ist vielmehr eine kausalitätstheoretische Zusatzannahme, zu der es Alternativen gibt. Zur Annahme einer akausalen oder kontrakausalen Freiheit neigen Libertarier, die das Kausalprinzip mit dem Determinismus identifizieren. Auch Kant konnte sich schlicht nicht vorstellen, was denn Verursachung sonst sein sollte, wenn nicht Determination durch strenge Naturgesetze. Sobald alternative, nichtdeterministische Auffassungen der Kausalität entwickelt werden, sollte die Attraktivität der akausalen Freiheit für den Libertarier sinken. Eine dieser Alternativen ist die *Akteurskausalität*.

Kant führte zur Auflösung der Freiheitsantinomie eine zusätzliche Kausalitätsart ein, die er der gewöhnlichen Naturkausalität zur Seite stellte und »Kausalität aus Freiheit« nannte. In der analytischen Handlungstheorie hat Chisholm diese Idee unter dem Titel *Agent Causality* wiederbelebt. Die Pointe dieser zusätzlichen Kausalitätsart gegenüber der gewöhnlichen Ereigniskausalität besteht darin, dass Akteurskausalisten die Stelle der Ursache nicht mit einem Ereignis besetzen, sondern mit einer Person. Wenn eine Person eine Reihe von Begebenheiten »von selbst anfängt« (Kant), also eine Kausalkette in Gang setzt, dann ist nicht *etwas in ihr* die Ursache für ihre Körperbewegung, sondern *sie selbst* verursacht im Wortsinne ihre Handlung. In Chisholms Worten: »Indem wir tun, was wir tun, verursachen wir, daß bestimmte Ereignisse geschehen, und nichts und niemand außer uns selbst verursacht uns, zu verursachen, daß diese Ereignisse geschehen.«[68]

Die größte theoretische Schwierigkeit der Akteurskausalität besteht im sogenannten Datiertheitsproblem. Es wurde von Charlie Broad in die Debatte eingeführt und besteht in Folgendem: Handlungen sind etwas, was zu einem bestimmten Zeitpunkt vorkommt. Die Nennung der Ursache für eine Handlung sollte erklären, warum die Wirkung zu diesem bestimmten Zeitpunkt eintritt und nicht früher oder später. Der bloße Verweis auf die Person kann dies aber nicht erklären. Die Person war ja schon vorher da und wird auch nachher noch da sein. Sie ist, wie Aristoteliker sagen, eine beharrende Substanz, die den Veränderungen, die an oder in ihr stattfinden, zugrunde liegt und sie überdauert. Deshalb beantwortet die Nennung der Person nicht die Frage, warum jetzt eine Handlung stattfindet. Also können Personen nicht im Wortsinne Ursachen von etwas sein. Der Datiertheitseinwand gegen die Annahme einer eigenen Akteurskausalität ist ein sehr starkes Argument, das bisher niemand entkräften konnte.

Die ersten beiden Optionen – Akausalismus und Akteurskausalismus – sind für viele Libertarier nur deshalb attraktiv, weil sie das allgemeine Kausalprinzip, dem zufolge jedes Ereignis eine Ursache hat, fälschlich mit dem Determinismusprinzip identifizieren. Dass Determinismus freiheitsunverträglich ist, ist ja die Auffassung des Libertariers, eine andere Frage ist, ob schon das bloße Verursachtsein freiheitsunverträglich ist. Das ist eine schwierige und voraussetzungsreiche Frage, denn die Antwort hängt davon ab, welche Kausalitätstheorie man vertritt. Kant vertritt eine Gesetzesauffassung der Kausalität und identifiziert deshalb Kausalprinzip und Determinismusprinzip. Aber ich bestreite, dass man das als Libertarier tun muss. Es gibt prominente Libertarier, die dies nicht tun, zum Beispiel Robert Kane, der mit der gewöhnlichen Ereigniskausalität auskommt, diese aber nichtdeterministisch auffasst. Genau so sehe ich es auch: Mit einer nichtdeterministisch verstandenen Ereigniskausalität kann der Libertarier bestens leben.

Nun ist noch auf den Zufallseinwand gegen den Libertarismus einzugehen, der nicht auf einer Fehlzuschreibung beruht. Der Zufallseinwand liegt in verschiedenen Fassungen vor, hier ist eine Auswahl:

– Wenn wir unter identischen Bedingungen so oder anders entscheiden könnten, wären unsere Entscheidungen grundlos, irrational, unerklärlich, erratisch, kapriziös.
– Freie Entscheidungen wären Produkte des Zufalls. Wie aber sollte eine bloß zufällige Wahl dem Libertarier weiterhelfen?
– Indeterminiertheit vergrößert unsere Freiheit nicht, sondern unterminiert vernünftige Steuerbarkeit und Zurechenbarkeit.

Das sind gewichtige Bedenken, die unter anderem Leibniz und Kant vor dem Libertarismus zurückschrecken ließen. Im Folgenden soll untersucht werden, mit welchen Argumenten der Libertarier dem Zufallseinwand begegnen kann.

Zunächst ist zwischen zwei Stoßrichtungen des Zufallseinwands zu unterscheiden. Entweder steht die Rationalität einer Entscheidung zur Debatte, also ihre Vernünftigkeit und Verständlichkeit, oder aber ihre kausale Erklärbarkeit. Es liegt auf der Hand, dass die erste Version des Einwands die interessantere ist, denn die zweite Version zeigt einfach die mangelnde Bereitschaft an, andere Erklärungen zu akzeptieren als deterministische. Dass nicht jedes Ereignis deterministisch verursacht oder mithilfe deterministischer Gesetze erklärbar ist, behauptet der Libertarier als Indeterminist ja gerade, deshalb taugt dieser Hinweis als solcher nicht zum Einwand gegen ihn. Handlungen und Entscheidungen haben entweder deterministische Ursachen oder nicht, weder der Libertarier noch der Kompatibilist können daran etwas ändern.

Die Antwort auf den Einwand, dass der Indeterminismus die Freiheit nicht verständlich mache, muss lauten, dass er auch nicht diese Aufgabe hat. Allgemein ist zwischen dem *positiven* und dem *negativen* Teil einer Freiheitslehre zu unterscheiden: Freiheit muss zum einen positiv erläutert werden, und es liegt auf der Hand, dass der bloße Indeterminismus für eine positive Erläuterung nicht ausreicht. Die ontische Möglichkeit alternativer Verläufe besteht ja auch für Wesen oder für unbelebte Naturdinge, denen der Libertarier keine freie Wahl zugestehen würde. Eine positive Erläuterung der Freiheit muss ein echtes Vermögen beschreiben, eine *potentia*, keine bloße *possibilitas*. Zum anderen muss dieses Vermögen in die Welt passen. Die physische Welt darf nicht so sein, dass die Ausübung dieses Vermögens unmöglich wäre. Dafür ist der negative Teil einer Freiheitslehre zuständig, nämlich der Indeterminismus. Dieser ist mithin keine positive Erläuterung von »freier Entscheidung«, sondern er ist nur für das *Nihil obstat* (»Es steht nichts im Wege ...«) zuständig. Die genannte Variante des Zufallseinwands beruht mithin auf einer Verwechslung der Aufgaben des positiven und des negativen Teils einer Freiheitslehre. Vom negativen Teil wird fälschlich erwartet, dass er das Vermögen der Freiheit positiv erläutert oder verständlich macht.

Problematisch am Zufallseinwand ist ferner der Schluss von »nicht determiniert« auf »bloßes Produkt des Zufalls«. Der Zufallseinwand stellt die Alternative von determiniert und zufällig als erschöpfend dar; es ist aber alles andere als klar, dass es sich so verhält. Darüber ist allerdings nicht leicht Einigkeit zu erzielen, weil der Sinn des Ausdrucks »eine Sache des bloßen Zufalls« meist nicht geklärt wird.

Zunächst ist festzuhalten, dass »zufällig« in diesem Zusammenhang kein physikalischer Fachterminus ist, sondern ein Ausdruck der Alltagssprache. Ein Geschehen im nichttechnischen Sinn als »zufällig« zu bezeichnen konnotiert »unvorhersehbar«, »nicht steuerbar« und »nicht zurechenbar«. Es ist eben die Konnotation der Nichtzurechenbarkeit, die die Rede von »zufällig« geschehenden Entscheidungen und Handlungen brisant macht.

Betrachten wir deshalb die Frage, unter welchen Bedingungen wir einer Person den Erfolg ihrer Handlung zurechnen. Unter indeterministischen Annahmen ist kein Handlungserfolg je vorab garantiert. Nun rechnen wir aber einer Person den Erfolg ihrer absichtlich ausgeführten Handlung zu, obwohl er vorab nicht garantiert war. Dies gilt sogar für Fälle, in denen der Erfolg sehr unwahrscheinlich war. Einen Attentäter, der unter schwierigen Bedingungen ins Ziel trifft, exkulpiert man nicht durch den Hinweis, dass der Schuss sehr leicht hätte danebengehen können. Der Täter hat absichtlich gehandelt, nicht grundlos, er hat sich bemüht, und insofern war das Ergebnis kein reiner Zufall. Er hat ja genau dieses Ergebnis angestrebt, auch wenn der Erfolg nicht garantiert war.

Der Vertreter des Zufallseinwands könnte nun insistieren, dass der Akteur den Eintritt des Erfolgs nicht frei gewählt hat. Das ist richtig, doch gegen welche Auffassung vom menschlichen Handeln soll das ein Einwand sein? Was die Alternative von »determiniert« und »zufällig« übersieht, ist die *Widerfahrniskomponente* des Handelns. Die Welt muss allgemein etwas hinzutun, damit unsere Handlungen gelingen; dieser Handlungserfolg stößt uns zu. Erfolg braucht *etwas* Glück, und das Glückhaben unterliegt naturgemäß nicht der Kontrolle des Glücklichen. Diesen Zusammenhang »reinen Zufall« zu nennen, hat den falschen Zungenschlag. Unser Hand-

lungserfolg wird uns mit Recht zugerechnet, denn genau den haben wir angestrebt und befördert. Was für den Zusammenhang zwischen Handlung und Handlungsfolgen gilt, gilt auch für unseren Entscheidungsprozess. Wiewohl vorab nicht determiniert war, welche Entscheidung ich treffen würde, heißt das nicht, dass meine Entscheidung ein Zufallsprodukt und mir nicht zurechenbar wäre. Ich kann durchaus mit guten Gründen entschieden haben, nur dass Gründe, wie Leibniz und Anselm von Canterbury sagen, eine Person »geneigt machen, ohne zu nötigen«. Der Vertreter des Zufallseinwands nennt nun einfach alles, was nicht im laplaceschen Sinn determiniert ist, »zufällig« und beutet dann die Konnotation der Nichtzurechenbarkeit aus. Dies ist ein rhetorischer Zug, von dem man sich nicht verwirren lassen darf.
Gleichwohl scheint der Libertarier folgende Frage beantworten zu müssen: Wenn die Person sich unter gleichen Bedingungen, und das heißt doch wohl aufgrund der gleichen Überlegung und mit den gleichen Gründen, anders entschieden hätte, wäre diese Entscheidung dann nicht irrational gewesen? Und am Anderskönnen unter gleichen Bedingungen ist dem Libertarier ja gelegen. – Die Antwort muss lauten, dass die Person *nicht* aus den gleichen Gründen etwas anderes getan hätte. Ich beziehe mich hier zunächst auf Robert Kane, der dies mit einem Beispiel erklärt: Eine Geschäftsfrau ist auf dem Weg zu einer wichtigen Besprechung. Auf dem Weg beobachtet sie einen Überfall und steht nun vor der Entscheidung, ob sie Hilfe holt oder weitergeht. Hilfe holen würde für sie bedeuten, dass sie nicht rechtzeitig zum Meeting kommt und höchstwahrscheinlich einen für ihre Firma existenzsichernden Auftrag verliert. Für beide Handlungsweisen hat sie also gute Gründe, für das Weitergehen wie für das Hilfeholen. Nach Kane gilt nun: Wie auch immer die Frau sich entscheidet, sie hat einen Grund dafür, wobei ihre tatsächliche Entscheidung vorab nicht determiniert ist. Kane nennt das »two-way rationality«: Keine der beiden Entscheidungen wäre grundlos, irrational oder unerklärlich.[69]

An dieser Stelle wird der Libertarier unausweichlich gefragt, wodurch dann am Ende die Wahl verursacht wurde. Diese Frage ist eine Rückkehr zur kausalen Variante des Zufallseinwands. Sie zeigt an, dass der Fragende sich ein nicht deterministisch verursachtes Geschehen einfach nicht vorstellen kann. Hier ging es aber darum, die Rationalität des Akteurs zu sichern, und das scheint Kanes »two-way rationality« zu tun. Wie die Frau auch handelt, für beide Optionen hat sie starke Gründe.

Ich halte Kanes Überlegung für richtig, aber man muss ihr noch etwas hinzufügen, nämlich eine zeitlich fein aufgelöste Betrachtung der Entscheidungssituation. Der Libertarier hat ja nun folgendes Problem: Er gibt zu, dass der Akteur nicht aus demselben Grund, aus dem er F getan hat, auch Nicht-F hätte tun können – das wäre in der Tat irrational gewesen. Ein Grund, der auch die gegenteilige oder eine beliebige andere Handlung erklären würde, erklärt überhaupt nichts. Und doch spricht der Libertarier von einem Anderskönnen unter gleichen Bedingungen. Wie passt das zusammen?

Für eine Lösung muss der Verzweigungspunkt der beiden möglichen Verläufe zeitlich genauer bestimmt werden. Dem klassischen Libertarismus zufolge gibt es keinen Zeitpunkt vor dem Handlungsbeginn, zu dem unumstößlich feststeht, was der Akteur tun wird. Der Überlegende hat stets die Möglichkeit, weiterzuüberlegen und sich umzuentscheiden. Nun betrachten wir seine Entscheidung und Handlung im Nachhinein: Falls er zum Zeitpunkt des tatsächlichen Handlungsbeginns, bei einem gegebenen Überlegungsstand, die gegenteilige Handlung begonnen hätte, hatte er wider bessere Einsicht gehandelt, mithin irrational. Anders liegt der Fall, wenn zu diesem Zeitpunkt noch einmal eine Neubesinnung eingesetzt hätte. In der Folge hätten sich die mentalen Einstellungen der Person verändert und aufgrund dieser veränderten Einstellungen hätte sie dann anders gehandelt. Dies ist nach meinem Dafürhalten die korrekte Erläuterung von »Er hätte anders handeln können« für einen rationalen

Akteur: Das Anderskönnen ist wesentlich ein Weiterüberlegenkönnen.

An dieser Stelle liegt der Einwand nahe, dass es sich nicht mehr um ein Anderskönnen *unter gleichen Bedingungen* handelt. Der Einwand geht aber fehl, denn es müssen im beschriebenen Szenario weder die Naturgesetze noch die Vorgeschichte der tatsächlichen Handlung geändert werden, und genau darauf kam es an. Die andere mögliche Handlung wäre etwas später begonnen worden, doch diese Abweichung hält die Vorgeschichte der tatsächlichen Handlung konstant.

Nun kann der Kritiker nochmals fragen, wie es denn dazu hätte kommen können, dass die Person weiterüberlegt. Wenn diese Frage kausal gemeint ist, setzt sie wiederum den Determinismus voraus. Wenn es hingegen um die Rationalität des Akteurs geht, ist die Antwort nicht so schwer: Aus denselben Gründen das Gegenteil zu tun wäre irrational gewesen, weiterzuüberlegen wäre dagegen nicht irrational gewesen. Der Grund für diese Asymmetrie liegt in dem Umstand, dass eine Person sich niemals sicher sein kann, dass das, was sie für die besten Gründe hält, auch die besten Gründe sind. Wäre der Handelnde im Besitz des Steins der Weisen, was die Qualität seiner Gründe betrifft, so wäre es in der Tat irrational, einen als gut erkannten Grund noch hin und her zu wenden. Tatsächlich kann aber zwischen guten und für gut gehaltenen Gründen stets eine Differenz bestehen. Weil nun der Überlegende aus leidvoller Erfahrung um diese Differenz weiß, ist es auch aus seiner Sicht nicht irrational, ein Überlegungsergebnis noch weiter zu prüfen. Das Ersetzen der faktischen Handlung durch das Weiterüberlegen in der anderen möglichen Welt bannt also die Irrationalitätsgefahr. Dem besten aktuellen Urteil zuwiderzuhandeln ist irrational, weiterzuüberlegen selbst bei guten Gründen ist es in der Regel nicht. Mehr muss an dieser Stelle nicht gezeigt werden.

Keine Strafe ohne Schuld,
keine Schuld ohne freien Willen?

Von normativen Fragen war in diesem Buch bislang nicht die Rede. Sie spielen aber in der philosophischen Freiheitsdebatte schon deshalb eine Rolle, weil Menschen ein eminentes Interesse an der Zurechnung von Handlungen, an der moralischen Verantwortung sowie an den Praxen des Lobens, Tadelns, Belohnens und Bestrafens haben. Dieses Interesse ist kein primär philosophisches. Es wird von Strafrechtlern, Politikern und gewöhnlichen Staatsbürgern geteilt, die niemals eingehend über Willensfreiheit nachgedacht haben. Das menschliche Zusammenleben muss auf irgendeine Weise geregelt werden, Normensysteme müssen etabliert, gravierende Rechtsverletzungen sanktioniert werden. Diese Regelungspraxis kann nicht darauf warten, was Philosophen oder Hirnforscher am Ende aller Tage über die Willensfreiheit herausgefunden zu haben behaupten. Plausibel erscheint deshalb der Vorschlag, unsere normativen Praxen des Lobens und Tadelns, Belohnens und Bestrafens nicht von der Klärung metaphysischer Thesen abhängig zu machen. Diese agnostische Haltung zum philosophischen Freiheitsproblem ist mittlerweile auch in der Strafrechtslehre weit verbreitet.

Oben habe ich die Auffassung Humes referiert, dass eine Person eine gewisse charakterliche Stabilität aufweisen muss, damit man ihr ihre Entschlüsse und Handlungen zurechnen kann. Wenn Entscheidungen unvorhersehbar und kapriziös wären, wären Personen keine geeigneten Adressaten für vernünftige Ratschläge oder für Lob und Tadel. Wir möchten ja durch Lob und Tadel das künftige Verhalten von Personen beeinflussen, also kausal determinieren. In der Rechtstheorie hat Hans Kelsen eine ähnliche Auffassung vertreten: »Die

Errichtung einer normativen, das Verhalten der Menschen regelnden Ordnung, auf Grund deren allein Zurechnung erfolgen kann, setzt geradezu voraus, daß der Wille der Menschen, deren Verhalten geregelt wird, kausal bestimmbar, also nicht frei ist.«[70] Interessant an dieser Überlegung ist unter anderem, dass sie nicht auf einen *Beweis* der Wahrheit des Determinismus angewiesen ist. Der Determinismus wird vielmehr *postuliert*, damit die genannten normativen Praxen ihren Sinn behalten können. Diesen Zusammenhang hat am deutlichsten Moritz Schlick betont: Wir könnten den Determinismus zwar nicht beweisen, aber wir müssten ihn »in allem unserem praktischen Verhalten voraussetzen«, da andernfalls Strafe wirkungslos bliebe und unverursachtes Wollen die Verantwortung aufhöbe.[71]

So verbreitet diese Argumentation ist, so wenig überzeugt sie bei näherer Betrachtung. Richtig ist, dass Strafandrohungen nur dann eine abschreckende Wirkung haben, wenn potenzielle Täter sich von ihnen motivieren lassen. Dass jemand eine Drohung in seine Überlegungen einbezieht und dass er durch sie determiniert wird, sind aber zwei verschiedene Dinge. Determinismus ist die Lehre, dass der gesamte Weltlauf durch Naturgesetze und Anfangsbedingungen alternativlos festgelegt ist, nicht mehr und nicht weniger. *Psychologischer* Determinismus ist die Lehre, dass das Verhalten einer Person durch ihren Charakter und ihre gegenwärtigen Motive alternativlos festgelegt ist. Was durch Strafandrohungen und Verantwortungszuschreibungen tatsächlich vorausgesetzt wird, ist etwas viel Schwächeres, nämlich die *begrenzte* Vorhersehbarkeit des Verhaltens von Personen. Diese begrenzte Vorhersehbarkeit wird aber schon dadurch gewährleistet, dass jemand sich in seinem Verhalten hinreichend oft von nachvollziehbaren Motiven leiten lässt. Damit dies der Fall ist, muss nicht der Determinismus wahr sein.

Würde man Humes Argument, dass die Zurechnung von Handlungen eine gewisse charakteristische Stabilität des Akteurs voraussetzt, tatsächlich im Sinne eines strengen psychologischen Determinismus auslegen, so wäre dies mit unserer tatsächlichen Praxis des Aufforderns, Tadelns und Zuschreibens von Verantwortung gerade nicht vereinbar. Diese Praxis spricht gegen die Annahme, dass unsere Entscheidungen stets durch unseren Charakter und die gegenwärtige Motivlage determiniert sind. Wir fordern nämlich, wie Tugendhat richtig bemerkt, »voneinander und von uns selbst durchaus auch, uns auf eine Weise zu verhalten, die im Gegensatz zu unserem bisherigen Charakter steht. Man muss zwischen Person und Charakter unterscheiden. Man macht nicht den Charakter verantwortlich, sondern den ›Ich‹-Sager.«[72]

Konfrontieren wir nun den deterministischen Kompatibilismus mit den Annahmen über den Zusammenhang von Freiheit, Verantwortung, Strafe und Schuld, die unserer Rechtsordnung zugrunde liegen. Unter dem *Schuldprinzip* versteht man in der Strafrechtsdogmatik den Grundsatz »Keine Strafe ohne Schuld« (*nulla poena sine culpa*). Das Schuldprinzip ist keine Beschreibung eines empirischen Zusammenhangs, sondern eine normative Setzung. Eine übliche Begründung für das Schuldprinzip lautet, dass es ungerecht wäre, jemanden zu bestrafen, dem kein schuldhaftes Versagen vorzuwerfen ist, und sei der durch ihn verursachte Schaden noch so groß. Ein Beispiel wäre der nach menschlichem Ermessen unvermeidbare Autounfall. Dieser bleibt im Unterschied zu einem Fahrlässigkeitsdelikt unbestraft, weil der Fahrer »nichts dafür konnte«. Ein guter erster Test für das Vorliegen von Schuld ist die Frage, ob der Schaden bei genügender Sorgfalt hätte vermieden werden können. Unvorhersehbare Unglücksfälle sind nicht vermeidbar, Fahrlässigkeitsdelikte durchaus. Deshalb ist der fahrlässige Verursacher eines Unfalls nicht schuldlos, wiewohl seine Schuld geringer ist als im Falle vorsätzlichen Handelns.

Das Schuldprinzip gehört zu den späteren Errungenschaften der abendländischen Rechtsgeschichte. Im ländlichen Frankreich war es noch bis ins 17. Jahrhundert üblich, Tiere wegen angeblicher Verbrechen vor Gericht zu stellen und zu bestrafen. Dies erscheint aus heutiger Sicht als eklatante Verletzung des Schuldprinzips. Eine Gesellschaft, die das Schuldprinzip akzeptiert, muss der Versuchung widerstehen, für jedes Unglück einen Sündenbock zu suchen. Alternativ könnte man einen anspruchsloseren Schuldbegriff zugrunde legen, nämlich einen, der allein auf den *kausalen* Beitrag zu einem Geschehen abstellt. Eine solche Rede über Schuld ist durchaus nicht ungewöhnlich. Wenn der Bauer die Schuld an der Missernte dem Wetter zuschreibt, wissen wir, was gemeint ist. Aber schon das nächste Beispiel zeigt, dass wir diesen Schuldbegriff im Allgemeinen nicht mit dem moralisch und rechtlich relevanten verwechseln: In Lappland finden gelegentlich Demonstrationen für mehr Sonnenschein im Winter statt. Das ist komisch, weil Demonstrationen sich üblicherweise an einen Adressaten wenden, der zur Behebung des Missstandes aufgefordert wird. In einem anspruchslosen kausalen Sinn ist das Ausbleiben der Sonne »schuld« daran, dass die Lappen depressiv werden, doch niemand, der den frühkindlichen Animismus überwunden hat, wird die Sonne für ihr Ausbleiben bestrafen wollen. Der oben genannten Testfrage für das Vorliegen von Schuld – »Hätte das Geschehen vermieden werden können?« – lässt sich eine zweite zur Seite stellen: »Gibt es einen Adressaten, den man zum Unterlassen auffordern kann?« Im Falle der ausbleibenden Sonne lautet die Antwort zweimal »Nein«. Die Demonstranten dürften es genauso sehen. Ihre Parolen bestätigen das durch die beiden Testfragen ausgedrückte Kriterium in selbstironischer Brechung.

In der deutschen Strafrechtsdogmatik ist das Schuldprinzip zum einen Grundlage der Straf*begründung*. Nach einem wegweisenden Urteil des Bundesverfassungsgerichts wäre eine Bestrafung ohne Schuld »eine mit dem Rechtsstaatsprinzip unvereinbare Vergeltung für einen Vorgang, den der Betreffende nicht zu verantworten hat. Die strafrechtliche […] Ahndung einer Tat ohne Schuld des Täters ist demnach rechtsstaatswidrig.«[73] Zum anderen dient das Schuldprinzip zur Ermittlung eines gerechten Straf*maßes*. Im Strafgesetzbuch (§ 46 Abs. 1 Satz 1) heißt es dazu: »Die Schuld des Täters ist Grundlage für die Zumessung der Strafe.« Als Umstände, die das Gericht bei der Bemessung der Strafe abzuwägen hat, nennt das Strafgesetzbuch unter anderem die Beweggründe des Täters, seine Gesinnung, die Art der Tatausführung, sein Verhalten nach der Tat und sein Bemühen um Wiedergutmachung.

Das Prinzip »Keine Strafe ohne Schuld« lässt für sich genommen offen, ob Schuld ihrerseits einen im libertarischen Sinn freien Willen voraussetzt. Libertarier nehmen ein So-oder-anders-Können unter gegebenen Bedingungen an, Kompatibilisten fassen dieses Vermögen im Sinne der konditionalen Analyse Moores auf. Wie sieht es nun das deutsche Strafrecht? Hier ist zunächst zu bemerken, dass der Gesetzgeber nicht positiv erklärt, worin Schuldfähigkeit besteht. Vielmehr unterstellt er deren Vorhandensein im Normalfall und spezifiziert in §§ 19–21 StGB nur die Ausnahmen. Verneint wird die Schuldfähigkeit eines Täters, wenn dieser bei Begehung der Tat »unfähig ist, das Unrecht der Tat einzusehen oder nach dieser Einsicht zu handeln« (§ 20). Im Umkehrschluss würde dies besagen, dass ein Täter immer dann schuldfähig ist, wenn er bei Begehung der Tat im Besitz von Einsichts- und Steuerungsfähigkeit war. An Einsichtsfähigkeit mangelt es beispielsweise kleinen Kindern und dementen Personen. Philosophisch interessanter ist die Steuerungsfähigkeit, denn sie bietet im Unterschied zur Einsichtsfähigkeit einen Ansatzpunkt für normative Urteile. Man kann zu einem Dementen oder zu einem Kleinkind schlecht sagen: »Sei einsichtsvoller, als du nun einmal bist!«; aber man kann zu einem zu einer Straftat geneigten Menschen sehr wohl sagen: »Beherrsch dich, reiß dich zusammen!« Solche Aufforderungen sprechen auf den ersten Blick für einen indeterministischen Freiheitsbegriff, denn der Auffordernde muss unterstellen, dass es dem Angesprochenen in der gegebenen Situation möglich ist, sich selbst zu beherrschen, auch wenn er vorab anders disponiert sein sollte. Mehr noch: Man wird jemanden typischerweise nur dann zur Selbstbeherrschung auffordern, wenn er nicht ohnehin schon dazu disponiert ist. Und wenn wir retrospektiv zu jemandem sagen: »Das hättest du nicht tun sollen«, dann unterstellen wir, dass ihm dies unter den gegebenen Bedingungen auch möglich gewesen wäre.

Mit Aufforderungen und Schuldzuweisungen ist also die Unterstellung des So-oder-anders-Könnens verbunden. In diesem Sinn hat der Strafrechtler Hans Welzel in einer viel zitierten Formulierung auch den Schuldbegriff bestimmt: »Die Schuld macht dem Täter den persönlichen Vorwurf, daß er die rechtswidrige Handlung nicht unterlassen hat, obwohl er sie unterlassen konnte.«[74] Der Bundesgerichtshof hat sich diese Auffassung in einem Grundsatzurteil zu eigen gemacht: »Mit dem Unwerturteil der Schuld wird dem Täter vorgeworfen, daß er sich für das Unrecht entschieden hat, obwohl er sich für das Recht hätte entscheiden können.«[75]

Freilich gibt es auch in der Strafrechtslehre viele Kompatibilisten. In der juristischen Literatur ist gelegentlich folgende kompatibilistische Analyse von »Er hätte anders handeln können« vorgeschlagen worden: Die wahre Bedeutung des Urteils soll sein: »Eine andere Person mit durchschnittlichen Fähigkeiten hätte in dieser Situation anders gehandelt.«[76] Es ist nicht leicht, zu sehen, was – außer dem Wunsch, den Inkompatibilismus zu vermeiden – diese Analyse rechtfertigen könnte. Wenn sie richtig wäre, müsste der Vorwurf »Du hättest anders handeln sollen« auf die absurde Forderung hinauslaufen: »Du hättest eine andere Person sein sollen, nämlich eine mit mindestens durchschnittlichen Fähigkeiten.« Der zur Rede Gestellte könnte zurückfragen, warum der Umstand, dass jemand anders an seiner Stelle anders gehandelt hätte, irgendeine Relevanz für die Frage haben sollte, ob er selbst anders hätte handeln können. Man kann, so auch der Strafrechtler Claus Roxin, »einen sittlichen Vorwurf gegen eine individuelle Person unmöglich auf Fähigkeiten stützen, die andere Personen vielleicht haben, die aber dem Täter gerade fehlen«[77].

In jüngerer Zeit zeichnet sich in der deutschen Strafrechtslehre ein Umschwung zugunsten agnostischer Positionen ab, denen zufolge unsere Praxen des Tadelns und Strafens unabhängig von den unbeweisbaren metaphysischen Lehren des Determinismus und der libertarischen Freiheit begründet werden sollten. Die Mehrheit der deutschen Strafrechtslehrbücher und -kommentare, fast möchte man von einer »herrschenden Lehre« sprechen, hält mittlerweile die Annahme der Willensfreiheit, da »empirisch unbeweisbar« und »forensisch nicht greifbar«, für eine »normative Setzung« oder »Zuschreibung« (so zum Beispiel Günther Jakobs und Claus Roxin). Das viel zitierte Wort des Strafrechtlers Eduard Kohlrausch, das den Schuldvorwurf begründende Anderskönnen sei eine »staatsnotwendige Fiktion«, wird allerdings weithin abgelehnt. In dieser Lage wären eigentlich besondere Anstrengungen zur *Rechtfertigung* der normativen Freiheitszuschreibung erwartbar. Von diesen Anstrengungen ist aber wenig zu sehen. Man hat sich in der Strafrechtsdogmatik, so Reinhard Merkel, »mit einem prinzipiellen Agnostizismus in der Freiheitsfrage seit langem erstaunlich ehrgeizlos arrangiert«. Merkel verbindet diese Diagnose mit einer deutlichen Kritik an seiner Zunft. Er beklagt, dass die Strafrechtslehre »die Diskussionen und Argumente der Gegenwartsphilosophie fast gänzlich ignoriert und deshalb viele Facetten des Problems nicht wahrnimmt«[78].

Eine alles andere als agnostische Haltung nehmen einige Hirnforscher ein. Wolf Singer und Gerhard Roth, die Wortführer der neurowissenschaftlich inspirierten Freiheitskritik, leugnen zum einen den freien Willen und damit auch die Fähigkeit des Straftäters, sich in der gegebenen Situation gegen die Straftat zu entscheiden. Zum anderen leiten sie aus ihrer Freiheitskritik die rechtspolitische Forderung nach einer allgemeinen Abkehr vom Schuldprinzip ab.

Die Behauptung, die Annahme eines freien Willens sei durch neurowissenschaftliche Befunde widerlegt, kann hier nicht geprüft werden. Ich habe an anderer Stelle dafür argumentiert, dass sie abwegig ist.[79] Hier möchte ich nur auf folgende offene Fragen hinweisen: Leugnen die betreffenden Hirnforscher *allgemein* die Willensfreiheit, weil es zu jedem psychischen Vorgang neuronale Ursachen oder Korrelate gibt, oder führen sie *besondere* Störungen bei psychisch kranken Personen an? Berufen sie sich auf etwas, was uns alle betrifft, nämlich den neurophysiologischen Determinismus oder die Libet-Experimente zur Datierung von Willensentschlüssen[80], oder berufen sie sich auf Veränderungen im präfrontalen Kortex bei Gewalttätern? Sind wir alle unfrei oder nur manche? Roth behauptet offenbar beides. So schreibt er über einen Gewaltverbrecher mit Veränderungen im orbitofrontalen Kortex, er sei »im strafrechtlichen Sinne nicht schuldig, weil er ja nicht anders handeln konnte«[81]. Über uns alle behauptet er: »Menschen können im Sinne eines *persönlichen moralischen Verschuldens* nichts für das, was sie wollen und wie sie sich entscheiden.«[82] Diese Doppelstrategie wirft kein gutes Licht auf Roths Freiheitskritik, denn beide Überlegungen schwächen einander. Hier können wir auf Strawsons Argumentation zurückgreifen: Besondere Fähigkeitseinschränkungen sind eben nicht der Normalfall, sondern der Ausnahmefall. Der Determinismus aber ist eine universale These und begründet gerade nicht die Ausnahme von der Regel. Wenn also Veränderungen im präfrontalen Kortex als schuldmindernde Besonderheiten angeführt werden, kann nicht zugleich der neurophysiologische Determinismus gegen *jede* Schuldzuschreibung ins Feld geführt werden.

Wolf Singer genügen schon »problematische Verhaltensdispositionen« als Grund, moralische Urteile zu unterlassen: »Keiner kann anders, als er ist. Diese Einsicht könnte zu einer humaneren, weniger diskriminierenden Beurteilung von Mitmenschen führen, die das Pech hatten, mit einem Organ volljährig geworden zu sein, dessen funktionelle Architektur ihnen kein angepaßtes Verhalten erlaubt. Menschen mit problematischen Verhaltensdispositionen als schlecht oder böse abzuurteilen, bedeutet nichts anderes, als das Ergebnis einer schicksalshaften Entwicklung des Organs, das unser Wesen ausmacht, zu bewerten.«[83]

Die geforderte Abkehr vom Schuldprinzip mündet allerdings bei Roth und Singer nicht in die Forderung, auf Sanktionen für Straftaten überhaupt zu verzichten. Werde der Schuldvorwurf aufgegeben, so träten andere Strafzwecke in den Vordergrund, insbesondere der Zweck der Spezialprävention. Um zu verhindern, dass der Täter erneut zuschlägt, müsse er bestimmten Erziehungsprogrammen unterworfen werden. Dazu Singer: Wir müssen »versuchen, durch Erziehung, Belohnung und Sanktionen Entscheidungsprozesse so zu beeinflussen, daß unerwünschte Entscheidungen unwahrscheinlicher werden«[84]. »Mit anderen Worten: wir würden hübsch das Gleiche tun wie jetzt auch schon. Allein die Betrachtungsweise hätte sich geändert.«[85] Bleiben Erziehung und Therapie wirkungslos, müsse man den Täter so lange wie erforderlich, gegebenenfalls für immer, inhaftieren oder sicherungsverwahren. Vor dauerhaft gefährlichen Straftätern müsse sich die Gesellschaft schützen. Roth hat vorausgesagt, dass die Gesellschaft spätestens um 2010 Abschied vom Schuldprinzip und von der Freiheitsannahme genommen haben werde. Warten wir es ab.

Hirnforscher haben nicht mehr und nicht weniger als andere Staatsbürger das Recht, sich zu rechtspolitischen Fragen zu äußern. Sie haben allerdings keine spezielle Kompetenz dazu und können deshalb auch keine besondere Autorität für ihre Einlassungen beanspruchen. In der Sache ist gegen Roths und Singers Vorschläge vieles einzuwenden. Im deutschen Strafrecht fungiert das Schuldprinzip, wie oben erwähnt, auch zur Ermittlung eines gerechten Strafmaßes. Fällt der Beurteilungsmaßstab der persönlichen Schuld des Täters weg, so gibt es keinen prinzipiellen Einwand dagegen, beliebige Straftäter lebenslang wegzusperren. Wer wollte beim

Gelegenheitsladendieb mit Sicherheit die Rückfallgefahr ausschließen? Es hinge allein vom Sicherheitsbedürfnis der Gesellschaft ab, welches Strafmaß jeweils als angemessen erachtet wird. Aus dieser Perspektive grenzt Singers oben zitierte Behauptung, die Ersetzung des Schuldprinzips durch den Präventionsgedanken führe zu einer »humaneren, weniger diskriminierenden Beurteilung« von Straftätern, an Zynismus. Auch nach Roth ist der »Sühne- und Vergeltungsschuldbegriff inhuman [...]. Er sinnt nämlich auf Rache.«[86] Singer und Roth verkennen, dass der humane Gehalt des Schuldprinzips, welches allein die Schuld des Täters zur »Grundlage für die Zumessung der Strafe« macht (§ 46 StGB), gerade in der *Begrenzung* des atavistischen Rachebedürfnisses besteht.

Ersetzt man die heute negativ besetzten Begriffe »Rache« und »Vergeltung« durch den positiv besetzten der »Gerechtigkeit«, so wird eine weitere Schwäche der Ersetzung des Schuldprinzips durch den Präventionsgedanken deutlich. Dazu folgendes Beispiel: Hätte man im Jahr 1945 alle lebend gefassten KZ-Kommandanten psychiatrisch begutachtet, so hätten die Gutachter vermutlich bei vielen von ihnen eine Wiederholungsgefahr verneint – und sei es aus dem Grund, dass die historisch-politische Konstellation, in der sozial angepasste Familienväter zu Massenmördern wurden, nicht mehr bestand. Ginge es allein um Prävention, hätte man diese Täter also freilassen müssen. Dass dies für viele Menschen – nicht nur für die Opfer! – eine unerträgliche Vorstellung ist, ist nicht bloß Ausdruck eines unaufgeklärten Rachebedürfnisses. Plausiblerweise steht hier vielmehr ein weiterer Strafzweck im Hintergrund, von dem bisher nicht die Rede war. Der Rechtsphilosoph Merkel hat jüngst in Anknüpfung an die Strafzwecklehre von Jakobs die Auffassung verteidigt, dass das durch die strafende Reaktion des Staates geschützte Rechtsgut die Geltung der verletzten Norm selbst sei. Würde der Staat als Garant des Rechts den Normbruch ohne strafende Reaktion hinnehmen, so würde er der Erosion der

Norm Vorschub leisten. Die Strafe ist also »vorrangig die ›Reparatur‹ der verletzten Norm [...]: die symbolische Wiederherstellung der verletzten Normgeltung und damit die Sicherung ihres Fortbestands in der Zukunft.«[87] Und diese Wiederherstellung der Normgeltung wird nicht schon durch die Aussicht auf künftiges rechtstreues Verhalten erreicht, denn »ohne irgendein ›Bezahlenmüssen‹ des Täters für den *geschehenen* Normbruch ist eine glaubhafte Restitution der Normgeltung nicht möglich«[88]. Von diesem Zusammenhang »zwischen lädierter Normgeltung und ihrer Restitution durch den Strafschmerz des Verletzers« gibt es nach Merkel ein »kollektives Bewusstsein«, das tief »in einem komplexen Netz reaktiver Einstellungen, mit denen wir einander begegnen«, verankert ist.[89] Die Anknüpfung an Strawson ist unverkennbar.

Viele kompatibilistische Philosophen und Strafrechtler schlagen vor, moralische und strafrechtliche Verantwortung nicht von der Annahme libertarischer Willensfreiheit abhängig zu machen. Das Hauptargument für diese Entkopplung, dass nämlich unsere Zurechnungspraxis nicht auf die Klärung einer hoch umstrittenen philosophischen These angewiesen sein sollte, ist nicht leicht von der Hand zu weisen. Im einfachsten Fall besteht die Entkopplung darin, dass man die moralische und/oder rechtliche Verantwortung des Täters für ein Geschehen als etwas ansieht, was nicht ermittelt, sondern zugeschrieben wird: Wir *machen* einander für unsere Taten verantwortlich. Wenn der Täter ein psychisch gesunder, einsichts- und steuerungsfähiger Erwachsener ist, können philosophische Doktrinen über Willensfreiheit und Determinismus nichts an seiner Schuldfähigkeit ändern. Solange Einsichts- und Steuerungsfähigkeit vorhanden waren, interessiert es den Gesetzgeber nicht einmal, ob der Täter diese beiden Fähigkeiten im Einzelfall aktualisiert hat. Er hätte sie aktualisieren können; dies genügt für die Beurteilung der Schuldfähigkeit. Wenn er sie nicht aktualisiert hat, richtet sich der Vorwurf darauf, dass er sie hätte aktualisieren *sollen*. Die faktische Ausübung der Steuerungsfähigkeit wird also nicht empirisch festgestellt, sondern normativ gefordert.

Ob diese sogenannte *askriptivistische* Auffassung der strafrechtlichen Verantwortung wirklich determinismusverträglich ist, ist eine andere Frage. Der Determinist behauptet ja, dass der Täter in der gegebenen Situation nicht anders handeln konnte, weil Naturgesetze und Anfangsbedingungen das tatsächliche Geschehen, also auch seine Entscheidung und Tat, alternativlos festgelegt haben. Und einer starken Intuition zufolge wäre es ungerecht, jemanden für etwas zur Rechenschaft zu ziehen, was er nicht vermeiden konnte. Der Umstand, dass Kompatibilisten mithilfe der konditionalen Analyse des Könnens einen eingeschränkten Sinn des Anderskönnens zu bewahren versuchen, zeigt, dass ihnen diese Intuition nicht ganz fremd ist.

Einen ganz eigenen Weg, die Verantwortungszuschreibung zu retten, hat Kant entwickelt. Ihm zufolge kann es für jemanden, der die unbedingte Pflicht eingesehen hat, dem kategorischen Imperativ zu folgen, keine offene Frage mehr sein, ob er dazu auch in der Lage ist. Kant nennt es eine »offenbare Ungereimtheit, nachdem man diesem Pflichtbegriff seine Autorität zugestanden hat, noch sagen zu wollen, daß man es doch nicht *könne*«[90]. Dass jemand das Gebotene nicht tun kann, schließe schon der römische Rechtsgrundsatz »Ultra posse nemo obligatur« aus. Was zu tun unmöglich ist, kann eben auch nicht geboten sein. Hinsichtlich dieses Grundsatzes kehrt Kant allerdings auf charakteristische Weise die Begründungsrichtung um. Die übliche Lesart des Grundsatzes lautet, dass die Befolgung einer Norm nur dann geboten sein kann, wenn sie dem Adressaten auch möglich ist, wenn er also die entsprechende Fähigkeit und Gelegenheit hat. Kants berühmte Formel »Du kannst, weil du sollst« kehrt nun diese Abhängigkeit um. Die Umkehrung ist freiheitstheoretisch brisant, weil Kant an vielen Stellen den

Schluss vom Anderssollen auf das Anderskönnen geradezu als Freiheits*beweis* einzusetzen scheint. Beispielsweise erklärt er, der Verbreiter einer »boshaften Lüge« habe »jetzt, in dem Augenblicke, da er lügt, gänzlich Schuld; mithin war die Vernunft, unerachtet aller empirischen Bedingungen der Tat, völlig frei«[91]. Das primäre Datum scheint also die moralische Schuld des Täters zu sein, aus dem man seine Freiheit *folgern* kann. Dieser Schluss erscheint äußerst kontraintuitiv. Sollte nicht umgekehrt die Freiheit des Akteurs Voraussetzung für seine Schuldfähigkeit sein?
Nun verbindet Kant mit dem Prinzip »Du kannst, weil du sollst« einen präzisen Sinn. Das Prinzip ist vor dem Hintergrund seiner Auffassung zu verstehen, dass der Mensch sich selbst als freies Wesen epistemisch nicht vollständig transparent ist, dass er also aus der Selbstbeobachtung nicht sicher wissen kann, wie weit seine Fähigkeiten reichen. Vielmehr merken wir, dass wir etwas können, oft erst daran, dass wir es sollen. Kant drückt das so aus, dass das moralische Gesetz in uns, also der kategorische Imperativ, die *ratio cognoscendi* der Freiheit sei, die Freiheit umgekehrt aber die *ratio essendi* des moralischen Gesetzes.[92] Das moralische Gesetz ist der Erkenntnisgrund unserer Freiheit, aber damit es da etwas zu erkennen gibt, muss Freiheit wirklich sein. Sie bleibt somit der Realgrund des moralischen Gesetzes. »Freiheit und unbedingtes praktisches Gesetz weisen also wechselweise auf einander zurück.«[93] Wir können im Theoretischen nicht wissen, ob wir frei sind, aber wir merken es daran, dass wir den kategorischen Imperativ in uns tragen. Dieser ist, der Jahrtausendidee der Selbstgesetzgebung der praktischen Vernunft zufolge, kein fremdes Gebot, sondern ein Sollensanspruch, der aus der Natur unseres Willens stammt.
Seinen positiven Freiheitsbegriff formuliert Kant als eine anthropologische Behauptung über menschliche Fähigkeiten: »Der Mensch fühlt also ein Vermögen in sich, sich durch nichts in der Welt zu irgend Etwas zwingen zu lassen. Es fällt

solches zwar öfters schwer aus anderen Gründen; aber es ist doch möglich, er hat doch die Kraft dazu.«[94] Das Vermögen der freien Wahl büßt man nicht dadurch ein, dass die Ausübung im Einzelfall schwerfällt. Kant kennt nur zwei Ausnahmen: Bei kleinen Kindern ist das Vermögen noch nicht ausgeprägt, in einer schweren psychischen Störung kann es verloren gegangen sein.

Für die philosophische Freiheitsdebatte interessanter sind nichtpathologische Fälle. Und hier ist zunächst die einfache Tatsache festzuhalten, dass es, da nicht alle Menschen die gleichen Neigungen und Fähigkeiten haben, manchen schwerer fällt als anderen, sich rechtstreu zu verhalten. Betrachten wir zunächst körperliche Fähigkeiten: Wenn ein kleines Kind in einen Fluss gefallen ist, ist jeder Augenzeuge moralisch und rechtlich verpflichtet, dessen Leben zu retten, also gegebenenfalls hinterherzuspringen. Diese Hilfspflicht gilt für gute wie für mäßige Schwimmer. Für Nichtschwimmer gilt sie natürlich nicht. Nun fällt es dem Leistungsschwimmer leichter, diese Pflicht zu erfüllen, als dem mittelmäßigen Schwimmer. Letzterer muss sich körperlich mehr anstrengen, um das Gebotene zu tun. Für die moralische und rechtliche Beurteilung macht dieser Unterschied der Anstrengung aber keinen Unterschied.[95]

Was für körperliche Fähigkeiten und Eigenschaften gilt, gilt auch für psychische. Einer aggressiven Person fällt es schwerer als einer sanftmütigen, unter bestimmten Bedingungen keine Kneipenschlägerei zu beginnen. Sie muss sich also mehr anstrengen als andere, um keine Körperverletzung zu begehen. Warum sollte dieser Unterschied die moralische oder rechtliche Beurteilung ändern? Und warum sollte die Entdeckung, dass die Aggressionsneigung mit der Aktivität der Amygdala oder mit der Konzentration eines bestimmten Neurotransmitters korreliert, etwas an der Beurteilung ändern? Wem eine gebotene Handlung oder Unterlassung aufgrund seiner angeborenen oder erworbenen Fähigkeiten schwerer fällt als anderen, der muss gegebenenfalls trainieren, kompensatorische Gewohnheiten ausbilden oder bestimmte Situationen meiden. Wir erwarten mit Recht voneinander, ungünstigen Dispositionen entgegenzuwirken. Wenn wir dies einander nicht zumuteten, müsste die Gesellschaft beispielsweise ja schon Menschen mit pädophilen *Neigungen* inhaftieren. Unter Sexualmedizinern ist unumstritten, dass man sich eine pädophile Neigung nicht selbst aussucht und dass sie in den meisten Fällen dauerhaft bestehen bleibt. Für die unbedingte moralische und rechtliche Pflicht, den sexuellen Missbrauch von Kindern zu unterlassen, ist dieser Umstand aber ohne Belang.

Der Schluss von Neigungs- oder Fähigkeitsunterschieden auf den Ausschluss oder auch nur die Graduierung von Schuld oder Verantwortung ist also ein Fehlschluss. Es wäre sehr überraschend, wenn es jedem Menschen exakt gleich leicht fiele, bei passender Gelegenheit auf aggressives Verhalten oder auf eine sexuelle Belästigung zu verzichten. Bestimmte Handlungen oder Unterlassungen fallen manchen schwerer als anderen; moralisch Gehaltvolleres als diese Trivialität lässt sich aus Fähigkeitsunterschieden im nichtpathologischen Bereich nicht ableiten.

Es lässt sich folgende Bilanz ziehen: Der Gesetzgeber tut gut daran, die Schuldminderung an strenge Voraussetzungen zu binden, nämlich an das Vorliegen schwerer psychischer Störungen. Er tut auch gut daran, am Prinzip »Keine Strafe ohne Schuld« festzuhalten. Die weitere Frage, ob sich die Schuldzuschreibung auch ohne die Freiheitsannahme im Sinne des So-oder-anders-Könnens rechtfertigen lässt, lässt sich innerhalb der Strafrechtsdogmatik nicht klären.

Willensfreiheit: Zehn Thesen

Da die dem Leser eingangs versprochenen pointierten Thesen in der bisherigen Darstellung nicht immer eigens markiert waren, sollen sie in diesem Schlusskapitel noch einmal zusammengestellt werden. Ich konzentriere mich dabei auf den Begriff der Willensfreiheit und die Verteidigung eines wohlverstandenen Libertarismus.

(1) *Unsere gewöhnliche vortheoretische Rede über Handlungen und Entscheidungen ist libertarisch imprägniert.*
Bei der libertarischen Freiheitsauffassung handelt es sich nicht eigentlich um eine philosophische Theorie, sondern um eine Alltagsannahme, die in unsere gewöhnliche Rede über Entscheidungen und Handlungen schon eingebaut ist. Wenn wir davon sprechen, dass jemand sich zu einer Handlung entschieden hat, gehen wir gewöhnlich davon aus, dass er sich auch anders hätte entscheiden können. Technisch ausgedrückt, scheinen Anderskönnen und Unterlassbarkeit *analytische Komponenten* des Entscheidungs- und des Handlungsbegriffs zu sein. Aristoteles sagt in diesem Sinne: »Wo das Tun in unserer Gewalt ist, da ist es auch das Unterlassen.«[96] Besonders deutlich werden die vorphilosophischen Intuitionen zugunsten des Libertarismus angesichts von Vorwürfen. Wenn wir zu anderen oder zu uns selbst sagen: »Das hättest du nicht tun sollen«, dann unterstellen wir, dass der Person eine andere Entscheidung auch möglich gewesen wäre. Wenn die Person nicht hätte anders handeln können, ohne die Naturgesetze oder die Vergangenheit zu ändern, wäre ein Vorwurf gegenstandslos und überdies unfair.

(2) *Der Freiheitsannahme stehen bei näherer Betrachtung keine Tatsachen entgegen, sondern nur fehlinterpretierte Befunde und unhaltbare philosophische Doktrinen.*

Es kann nicht Aufgabe der Philosophie sein, unsere libertarischen Intuitionen wegzuinterpretieren. Vielmehr sollte sie sich die Frage vorlegen, ob der Annahme des So-oder-anders-Könnens irgendwelche empirischen oder begrifflichen Tatsachen entgegenstehen. Dass die Annahme dem Determinismus widerspricht, genügt nicht, denn dieser ist eine unüberprüfbare Doktrin, keine Tatsache. Die Frage nach entgegenstehenden Tatsachen kommt einer Beweislastverschiebung gleich. Statt die in der philosophischen Debatte verbreitete Frage anzugehen, wie libertarische Freiheit bloß möglich sei, gehe ich von dem Umstand aus, dass wir uns das So-oder-anders-Können im Regelfall zuschreiben oder unterstellen; dann werden vermeintliche Hindernisse aus dem Weg geräumt. Die vier größten Hindernisse sind der harte (also inkompatibilistische) Determinismus, angeblich freiheitsunverträgliche Befunde der neueren Hirnforschung, die konditionale Analyse des Könnens sowie das Zufallsproblem. Wenn die Hindernisse aus dem Weg geräumt werden können, spricht nichts mehr dagegen, an unseren libertarischen Intuitionen festzuhalten – und genau das zu tun schlage ich vor. Die These lautet also, dass wir nicht nur geborene Libertarier sind, sondern es auch bleiben können, da ein wohlverstandener Libertarismus sowohl mit den empirischen Befunden vereinbar ist als auch gegen die einschlägigen philosophischen Einwände verteidigt werden kann.

(3) *Dass der menschliche Wille frei sei, bedeutet vernünftigerweise, dass Menschen bestimmte Fähigkeiten haben*
Die Rede vom freien oder unfreien Willen ist für eine Klärung des Freiheitsproblems wenig hilfreich, denn sie lässt nicht einmal erkennen, wem oder was da die Eigenschaft zukommt, frei zu sein. Ein Vermögen, und als solches wird der Wille hier aufgefasst, kann im Wortsinne nicht »frei« genannt werden, im Unterschied zur Ausübung des Vermögens und zu dessen Träger. Den menschlichen Willen frei zu nennen, versteht man deshalb vernünftigerweise als eine

anthropologisch gehaltvolle Aussage über menschliche Fähigkeiten.

Der Freiheitsbegriff selbst hat einen positiven und einen negativen Aspekt. Als negative Freiheit wird die Freiheit *von* etwas bezeichnet, typischerweise von Hinderungen, als positive Freiheit die Freiheit *zu* etwas. Entsprechend hat eine philosophische Freiheitslehre einen positiven und einen negativen Teil. Im positiven Teil wird das komplexe Vermögen der Willensbildung genauer charakterisiert, der negative Teil handelt von den Hindernissen, denen die Ausübung dieses Vermögens ausgesetzt ist. Während die Handlungsfreiheit, also die Freiheit, zu tun, was man will, durch äußere Hinderungen und Zwänge beeinträchtigt wird, sind die Faktoren, die die Willensfreiheit einschränken oder aufheben können, offenbar von anderer Art.

(4) *Willensfreiheit ist die Fähigkeit zur hindernisüberwindenden Willensbildung.*
Nach Schopenhauer kann der Mensch tun, was er will, nicht aber wollen, was er will. Die Rede von der Fähigkeit, anderes zu wollen, als man tatsächlich will, ergibt nur einen guten Sinn, wenn man sie *dynamisch* interpretiert. Gemeint ist vernünftigerweise nicht die Fähigkeit, seine gegenwärtigen Antriebe und Wünsche anders sein zu lassen, als sie tatsächlich sind, denn dies kann niemand. Es geht vielmehr um die Fähigkeit, innezuhalten, vorhandene Wünsche zu überprüfen und sie gegebenenfalls nicht in die Tat umzusetzen. Eben dies erwarten wir von einer vernünftigen Person. Bedenkenlos und ohne Rücksicht auf Verluste den augenblicklichen Neigungen zu folgen, ist irrational. John Locke hat das Vermögen des Innehaltens und Weiterüberlegens als *Suspensionsvermögen* beschrieben; in der Strafrechtsdogmatik heißt das Vermögen, eine als unrecht eingesehene Tat zu unterlassen, *Steuerungsfähigkeit*.

Dieses Vermögen ist bei kleinen Kindern noch nicht vollständig ausgebildet und bei psychisch kranken Personen gestört oder sogar verloren, weshalb sie strafrechtlich als schuldunfähig eingestuft werden. Geringere, nichtpathologische Beeinträchtigungen wie feste Gewohnheiten, Affekte und charakterliche Schwächen heben das Suspensionsvermögen hingegen nicht auf, sondern erschweren nur dessen Ausübung. Es obliegt der Person, das Vermögen *angesichts* dieser Erschwernisse auszuüben. Willensfreiheit ist deshalb nicht »hinderungsfreie Willensbildung« (Seebaß), denn ein Vermögen, keinen Hinderungen ausgesetzt zu sein, gibt es nicht. Willensfreiheit ist die Fähigkeit zur hindernis*überwindenden* Willensbildung.

(5) *Der fähigkeitsbasierte Freiheitsbegriff enthält ein normatives Element. Ob die fragliche Fähigkeit vorhanden ist, ist eine empirische Frage; von der Fähigkeit Gebrauch zu machen ist eine normative Forderung an den Akteur.*
Fähigkeiten bestehen auch dann, wenn sie gerade nicht ausgeübt werden. In vielen Fällen ist es beispielsweise nicht nötig, bestehende Wünsche zu suspendieren. Deshalb taugt auch die Bemerkung des Psychologen Wilhelm Wundt, Menschen seien in drei Vierteln ihrer Handlungen Automaten, nicht zum Einwand gegen eine libertarische Freiheitsauffassung. Allgemein sagen wir nicht in Anbetracht beliebiger Handlungen zueinander, dass auch eine andere Handlung möglich gewesen wäre. Nur wenn es einen besonderen Anlass dazu gibt, wenn nämlich eine Handlung eklatant irrational oder unmoralisch war, sagen wir: »Du hättest anders handeln sollen«, wobei wir das Anders*können* stillschweigend unterstellen. Der pragmatische Sinn der Rede vom Anderskönnen ist fast immer der eines Vorwurfs. Man tadelt den Akteur, wenn eine andere als die ausgeführte Handlung rational, moralisch oder rechtlich geboten gewesen wäre. Die Suspensionsfähigkeit zu aktualisieren ist also eine *Forderung* an den Akteur. Dieses unaufhebbar normative Element macht es dem Getadelten unmöglich, sich auf das psychologische Faktum zu berufen, ihm sei der fragliche Gesichts-

punkt einfach nicht in den Sinn gekommen. So sieht es auch der Gesetzgeber. Wichtig ist allein, ob die Steuerungsfähigkeit des Täters vorhanden war. Ihre faktische Ausübung wird nicht empirisch festgestellt, sondern normativ gefordert.

(6) *Wohlverstandene libertarische Freiheit ist keine »tiefere« Freiheit, die zu gewöhnlichen, auch von Kompatibilisten anerkannten Freiheiten noch hinzukäme.*
Auch Kompatibilisten argumentieren nicht dafür, dass Freiheit im »starken« Sinne – Anderskönnen unter gleichen Umständen – mit dem Determinismus vereinbar sei. Deshalb ist es irreführend, die Vereinbarkeitsfrage als den Kern des Streits anzusehen. Gestritten wird vielmehr um den richtigen Freiheits*begriff*. Kompatibilisten lehnen die Forderung nach alternativen Möglichkeiten ab, halten aber an anderen Freiheitsmerkmalen wie Willentlichkeit, Überlegungszugänglichkeit und Handeln aus Gründen fest. Darauf reagieren viele Libertarier dadurch, dass sie verschiedene *Arten* von Freiheit unterscheiden. Sie würdigen die kompatibilistische Freiheit durchaus, behaupten aber darüber hinaus die Existenz einer zusätzlichen Art von Freiheit, die der Kompatibilist nicht rekonstruieren könne.

Diese Linie ist zu defensiv. Libertarier sollten vielmehr argumentieren, dass selbst die vermeintlich anspruchslosen kompatibilistischen Freiheiten die Existenz alternativer Möglichkeiten voraussetzen und deshalb in einer deterministischen Welt nicht existieren würden. Kompatibilisten sprechen weiterhin von *Entscheidungen* und *Handlungen*, von *Personen* als *aktiven Urhebern* ihrer Handlungen, vom Vermögen des *Innehaltens* (Beckermann), von *Steuerungsfähigkeit* (Willaschek) und von *personaler Autonomie* (Pauen). Die Autoren machen aber nicht verständlich, wie all dies mit einem universalen physikalischen Determinismus vereinbar sein soll. Allgemein unterschätzen Kompatibilisten das Ausmaß, in dem der Determinismus Grundbegriffe und -annahmen unseres gewöhnlichen Selbst- und Weltverständnisses untergräbt. Dabei kommt ihnen zugute, dass sie zumeist mit einem blassen, unkonturierten Determinismusbegriff arbeiten.

Die verbreitete Frage, welche zusätzliche Freiheit sich für einen Akteur durch den Indeterminismus ergeben soll, ist ungereimt. Sie setzt voraus, dass es in einer deterministischen Welt Akteure und Handlungen gibt, die der Libertarier dann noch mit exotischen Zusatzmerkmalen auszustatten versucht. In einer deterministischen Welt gäbe es aber überhaupt keine Akteure, Überlegungen, Entscheidungen, Handlungen und Fähigkeiten, wie wir sie kennen. Unsere gewöhnliche Rede über diese Dinge ist im Rahmen der selbstverständlichen vortheoretischen Annahmen entstanden, dass die Zukunft offen und beeinflussbar ist, dass praktische Überlegungen ergebnisoffen sind und dass wir im Handeln eine von mehreren Möglichkeiten ergreifen. Wer diese Annahmen zurückzieht, weil er den Weltlauf für alternativlos fixiert hält, sollte besser von Quasientscheidungen, Quasihandlungen, Quasiüberlegungen, Quasifähigkeiten und Quasifreiheit sprechen. Der Kommentar des Libertariers zu den »gewöhnlichen« Freiheiten des Kompatibilisten sollte also lauten, dass *keine* Freiheit, die ihren Namen verdient, mit dem Determinismus vereinbar ist. Alternative Möglichkeiten sind nicht alles, was es für Freiheit braucht, aber ohne alternative Möglichkeiten ist alles nichts.

(7) *Wohlverstandene libertarische Freiheit bedeutet nicht, dass Personen keinerlei Bedingungen unterworfen wären und losgelöst von ihren Wünschen Beliebiges wählen könnten.*

Dass ein freier Wille ein durch nichts bedingter Wille sei, ist eine weit verbreitete Karikatur der libertarischen Freiheit. Libertarier leugnen nicht, dass Menschen stets unter bestimmten Bedingungen entscheiden und handeln, sondern dass Vorbedingungen und Naturgesetze unsere Handlungen *determinieren*, also alternativlos festlegen. Letzteres dürfte schon deshalb nicht der Fall sein, weil wir nach allem, was wir wissen, nicht in einer deterministischen Welt leben. Libertarier können durchaus zugestehen, dass unsere Vorlieben, Einstellungen und Charakterzüge uns in einer bestimmten Richtung *disponieren*, also geneigt machen. Aber erneut: Disponieren heißt nicht determinieren. Unsere Voreinstellungen »machen geneigt, ohne zu nötigen«, wie Leibniz und Anselm von Canterbury sagen.

Weil das Verhältnis zwischen mentalen Einstellungen und Entscheidungen kein deterministisches ist, entfällt auch der Grund für die Annahme, wir müssten unsere Einstellungen und unseren Charakter selbst gewählt haben, um in unseren Entscheidungen frei zu sein. Libertarier räumen durchaus ein, dass kein Mensch als Tabula rasa auf die Welt kommt. Manche Neigungen hat uns die Natur mitgegeben, andere bilden sich in früher Kindheit aus, bevor wir über sie reflektieren können. Entscheidend ist nicht, ob ich mir meine Wünsche und meinen Charakter selbst ausgesucht habe, sondern dass sie sich nicht mit naturgesetzlicher Notwendigkeit in Verhalten umsetzen. Es geht beim fähigkeitsbasierten Libertarismus nicht um die Wahl erster Neigungen, es geht vielmehr darum, was mit ihnen weiter geschieht. Psychisch gesunde Erwachsene haben die Fähigkeit, innezuhalten, ihre Wünsche und Neigungen zu überprüfen und sie gegebenenfalls *nicht* handlungswirksam werden zu lassen. Niemand kann alle Bedingungen, unter denen er entscheidet und handelt, selbst wählen. Es wäre deshalb töricht, diese Fähigkeit zu fordern. Willensfreiheit zeigt sich im *vernünftigen Umgang* mit vorfindlichen Kontingenzen, die eigenen Dispositionen eingeschlossen.

(8) *Das Erstauslösermodell des Handelns ist unhaltbar. Handelnde sind keine unbewegten Beweger.*
Viele Freiheitstheoretiker beschreiben den Akteur metaphorisch als »Quelle« oder »Ursprung« seiner Handlungen. Diese Rede ist so lange unproblematisch, wie sie vortheoretisch

bleibt und nicht kausal interpretiert wird. Wird das Vermögen, eine Handlung zu beginnen, kausal als das Vermögen gedeutet, aus dem Nichts eine neue Kausalkette beginnen zu lassen (Kant, Chisholm), so erheben sich die einschlägigen Einwände: Es scheinen dann Kräfte oder Energien aus dem Nichts zu entstehen, was die physikalischen Erhaltungssätze und auch das allgemeine Kausalprinzip verletzen würde. Dass dem Weltlauf ein erster Beweger zugrunde liegen soll, ist schwer genug zu verstehen; dass gleich Scharen davon unterwegs sein sollen, die immerfort neue erste Ursachen in die Welt setzen, würde Naturwissenschaft, und nicht nur die, sehr schwierig machen.

Die kausale Deutung des Ursprungsmodells muss also aufgegeben werden. Dies gilt auch dann, wenn das Anfangen einer Kausalreihe im Sinne der *Akteurskausalität* gedeutet wird, denn diese ist kausalitätstheoretisch unhaltbar (Datiertheitseinwand). Vielmehr muss der Umstand, dass wir unsere Handlungen selbst ausführen, damit vereinbar sein, dass die mit ihnen einhergehenden Ereignisse Ursachen haben. In der gebotenen Kürze[97]: Unsere Handlungen gehen mit physiologischen Prozessen und Körperbewegungen einher. Diese Ereignisse haben Ursachen und Wirkungen. In der Tat fangen wir Handlungen an, aber dieses Anfangen ist kein Ingangsetzen von Kausalketten. Kausalketten beginnen und enden nirgends, sondern laufen blind durch uns und unsere Handlungen hindurch, allerdings auf nichtdeterministische Weise. Die sogenannte *kausale Handlungstheorie* sieht die Sache so: Jedes Mal, wenn wir etwas tun, verursachen vorausgehende mentale Ereignisse unsere Körperbewegung. Das schließt jedoch nicht aus, dass wir es sind, die die Körperbewegung ausführen. »Ausführen« ist nämlich etwas anderes als »verursachen«. Das Ausführen hat selbst keine kausale Binnenstruktur mehr. Alles, was ein Akteur dazu tut, dass seine Handlung geschieht, geht mit physiologischen Ereignissen schon einher, kann sie also nicht verursachen. Ein Akteur verursacht nicht, was er tut, sondern er tut es eben.

Inwiefern kann man eine Auffassung, die zugesteht, dass mentale Ereignisse und Körperbewegungen Ursachen haben, noch libertarisch nennen? Nun, das die libertarische Freiheit definierende Merkmal ist das So-oder-anders-Können unter gegebenen Bedingungen. <u>Mit der kausalen Einbettung unserer Handlungen ist das Anderskönnen genau dann vereinbar, wenn Verursachtsein nicht dasselbe ist wie Determiniertsein.</u> Ein wohlverstandener Libertarismus muss also mit einer nichtdeterministischen Theorie der Kausalität verbunden werden.

(9) *Nichtdeterminierte Entscheidungen und Handlungen sind etwas anderes als Zufallsereignisse.*
Der Zufallseinwand gegen libertarische Freiheitsauffassungen besagt, dass eine nichtdeterminierte Entscheidung auch nicht durch den Handelnden determiniert sein könne, mithin zufällig geschehe. Indeterminiertheit vergrößere deshalb unsere Freiheit nicht, sondern unterminiere die vernünftige Steuerbarkeit von Handlungen und ihre Zurechenbarkeit. <u>Der Zufallseinwand ist sehr ernst zu nehmen, aber er trifft den Libertarier nicht wehrlos.</u> Aus der bereits skizzierten mehrteiligen Antwort auf den Einwand sei hier nur der letzte Schritt in Erinnerung gerufen. Der Kern des zu lösenden Problems ist dieser: Nach libertarischer Auffassung hätte ein Akteur sich unter gleichen Bedingungen, und das heißt doch wohl aufgrund der gleichen Überlegung und mit den gleichen Gründen, anders entscheiden können. Doch wie können die Gründe, die für eine bestimmte Handlung sprechen, zugleich auch für ihre Unterlassung oder für eine gegenteilige Handlung sprechen?
Die Antwort des Libertariers sollte lauten, dass die Person sich *nicht* aus den gleichen Gründen zu etwas anderem entschieden hätte, denn das wäre in der Tat irrational gewesen. <u>Sie hätte sich zu diesem Zeitpunkt aber noch einmal besinnen und weiterüberlegen können.</u> Im Zuge dieses Weiterüberlegens hätten neue Gründe auftauchen können und auf-

grund dieser neuen Gründe hätte sie dann anders gehandelt. Das So-oder-anders-Können ist also wesentlich ein Weiterüberlegenkönnen. Ein wohlverstandener Libertarismus redet nicht einer grundlosen Entscheidung oder einem Handeln wider bessere Einsicht das Wort.
Obwohl es zunächst nicht so aussieht, ist auch das Weiterüberlegenkönnen noch ein Anderskönnen unter gleichen Bedingungen, denn es müssen dafür weder die Naturgesetze noch die Vorgeschichte der tatsächlichen Handlung geändert werden. Die andere mögliche Handlung wäre etwas später begonnen worden als die tatsächliche, doch diese Abweichung hält die Vorgeschichte der tatsächlichen Handlung konstant, und genau darauf kommt es an. Nun muss noch die Asymmetrie erklärt werden, dass aus denselben Gründen etwas anderes zu tun irrational gewesen wäre, weiterzuüberlegen hingegen nicht. Die Erklärung besteht darin, dass eine Person sich niemals sicher sein kann, dass das, was sie für die besten Gründe hält, auch die besten Gründe sind. Weil die Person um dieses mögliche Auseinanderklaffen weiß, ist es im Allgemeinen nicht irrational, ein vorliegendes Überlegungsergebnis noch weiter zu prüfen.

(10) *Die Hirnforschung hat aus eigenen Mitteln nichts Relevantes zum philosophischen Freiheitsproblem beizutragen.*
Das Freiheitsproblem, wenn man denn im Singular davon sprechen möchte, hat begriffliche, metaphysische, normative und empirische Anteile. Mit den ersten drei beschäftigt sich die Philosophie, mit den letzteren die empirischen Wissenschaften. In jüngerer Zeit sind verschiedene Forschungsergebnisse der Humanwissenschaften, insbesondere der kognitiven Psychologie und der Hirnforschung, im Sinne einer *empirischen Widerlegung der Willensfreiheit* ausgelegt worden. Diese empirischen Befunde und ihre fragwürdigen Interpretationen sind in dieser Einführung nur am Rande zur Sprache gekommen. Der Grund dafür ist, dass beide in der

Einleitung unterschiedenen Freiheitsprobleme, die traditionelle Frage »Freiheit oder Determinismus?« wie das Vereinbarkeitsproblem, philosophische Probleme par excellence sind. Das bedeutet, dass ihre Behandlung wesentlich die Klärung begrifflicher Zusammenhänge und theoretischer Vorannahmen erfordert. Empirische Befunde spielen hier nur die mittelbare Rolle, bestimmte theoretisch mögliche Lösungen auszuschließen. Freilich sollte nichts, was Philosophen über die menschliche Freiheit sagen, empirischen Tatsachen widersprechen. Diese Auflage schließt aber nur einige Extrempositionen aus. Einige Teilnehmer der Debatte meinen, dass sie libertarische Positionen ausschließt, aber wir haben gesehen, dass diese Meinung auf Verwechslungen und Fehlzuschreibungen beruht. Dem Libertarismus wird zum Beispiel unterstellt, er behaupte eine Einwirkung einer immateriellen Seele auf die Körperwelt oder das wundersame Vermögen, Naturgesetze zu ändern. Die einzige Bedrohung für einen fähigkeitsbasierten Libertarismus bestünde darin, dass die fraglichen Fähigkeiten mit dem, was wir über den Aufbau und die Arbeitsweise des menschlichen Gehirns wissen, unvereinbar wären. Dies ist bisher nicht gezeigt worden. Keine Bedrohung wäre die Erkenntnis, dass viele der neuronalen Strukturen und Mechanismen, in denen psychische Fähigkeiten realisiert sind, anders beschaffen sind, als libertarische Philosophen dachten – sofern sie überhaupt etwas darüber dachten.

Aus der Hirnforschung folgt also nichts Interessantes für die zentralen Probleme der philosophischen Freiheitsdebatte. Die Hirnforschung liefert keine neuen Argumente für die Wahrheit der Determinismusthese, auch keine für oder gegen die Vereinbarkeit von Willensfreiheit und Determinismus. Ihr lässt sich nicht entnehmen, ob die Zuschreibung strafrechtlicher Schuld auf der Freiheitsannahme beruht oder nicht, und erst recht klärt sie nicht die Frage, was man vernünftigerweise unter »Willensfreiheit« verstehen sollte. Zudem sind viele Interpretationen der empirischen Befunde mit begrifflichen Verwirrungen behaftet, die auf undurchschauten philosophischen Vorannahmen beruhen.

Im weiteren Umkreis des Freiheitsproblems gibt es spannende empirische Fragen, aber die genannten Kernprobleme sind und bleiben philosophischer Natur. Das bedeutet freilich nicht, dass nur studierte Philosophen sich an der Debatte beteiligen dürften.

Anmerkungen

In den Anmerkungen sind nur diejenigen Quellen vollständig angegeben, die nicht in der kommentierten Bibliografie verzeichnet sind.

1 Vgl. Bieri 2001, 435.
2 Aristoteles, Nik. Eth. III, 7, 1113 b 6.
3 Kant, Rel. B 59 Anm. (Akademie-Ausgabe [AA] VI, 49 f.).
4 »[T]he concept of an action, the ascriptions of actions to an agent, belong to discourse in which ›free will‹ is taken for granted. [...] The ›freedom‹ or ›free will‹ of a man consists in the *fact* that he acts, one could say.« Von Wright 1980, 78 f.
5 Tugendhat 1987, 344 f.
6 Vgl. Schopenhauer 1839, 542.
7 Leibniz 1710, 283 (§ 51).
8 Immanuel Kant: Anthropologie in pragmatischer Hinsicht [1798], Weischedel-Werkausgabe Bd. XII, Frankfurt am Main 1968, BA IV.
9 Immanuel Kant: Reflexionen zur Metaphysik, Akademie-Ausgabe, Berlin 1902 ff., Bd. XVII, 508 (R 4333).
10 Immanuel Kant: Vorlesungen über Metaphysik, Akademie-Ausgabe (AA), Berlin 1902 ff., Bd. XXVIII.1, 255.
11 Seebaß 2006, 212.
12 Vgl. Hobbes 1651, 196 (Pt. II, ch. 21).
13 Vgl. ebd., 196 f.
14 Kant, AA XXVIII.1, 255.
15 Aristoteles, Nik. Eth. III, 1, 1110 a.
16 Ludwig Wittgenstein: Philosophische Untersuchungen [1953], Schriften Bd. 1, Frankfurt am Main 1960, § 129 und § 89.
17 Tugendhat 2007, 47.
18 Ebd.
19 Laplace 1814, 1 f.
20 Vgl. Popper 1982, 33.
21 Aristoteles, De Int. 9, 18 b.
22 Cicero, De fato 28–29 (1963, 57).

23 Vgl. Jean-Paul Sartre: »Ist der Existenzialismus ein Humanismus?« [1946], in: ders.: Drei Essays, Zürich 1980, 16.
24 Zum Überblick vgl. Bobzien 1998 und Ebert 2004.
25 Vgl. Long/Sedley (Hg.) (1987), 461 (§ 62).
26 Vgl. Richard Taylor: Metaphysics, 2. Aufl., Englewood Cliffs, N. J. 1974, 62-64.
27 So das Referat der stoischen Lehre bei Alexander v. Aphrodisias, De fato 181 f., zit. nach Long/Sedley (Hg.) (1987), 465.
28 Referiert bei Cicero, De fato 42 (1963, 81).
29 So z. B. von Forschner 1995, 98 ff.
30 Laplace 1814, 1.
31 Bertrand Russell: Unser Wissen von der Außenwelt [1914], übers. von W. Rothstock, Leipzig 1926, 302 f.
32 Vgl. Russell 1912, 188.
33 Mill 1843, 473 (= Buch III, Kap. 7, § 1).
34 Laplace 1814, 1 f.
35 Popper 1982, 37.
36 Suppes 1994, 462.
37 Kant, KrV B 124/A 91 (AA III, 103). Vgl. dazu Keil 2001.
38 Mir selbst erscheint eine Variante der kontrafaktischen Theorie der Kausalität am aussichtsreichsten; vgl. Keil 2000, 261-300 und 431-457.
39 Vgl. unten, S. 84-86.
40 Butterfield 1998, 33.
41 Roth 2001, 447.
42 Vgl. dazu Keil 2007, 154-191.
43 Hume 1748, 124 (VIII, 1).
44 Aristoteles, Nik. Eth. III, 1, 1110 a.
45 Aristoteles, De Int., Kap. 9.
46 Locke 1690, Bd. 1, 297 (= Buch II, Kap. 21, § 27).
47 Ebd., 315 (§ 47)
48 Ebd., 316 (§ 47).
49 Ebd., 318 (§ 50).
50 Hume 1748, 100 (VII, 2).
51 Ebd., 112 (VIII, 1).
52 Ebd.
53 Ebd., 108 (VIII, 1).
54 Moore 1912, 154.
55 Strawson 1962, 212.

56 Ebd., 233.
57 Vgl. Frankfurt 1971.
58 Vgl. van Inwagen 1983, 16 und 56; ähnlich Ginet 1966.
59 Chisholm 1964, 72.
60 Vgl. Bieri 2001, bes. 165 ff.
61 Vgl. Hume 1739, 148 (Buch II, Teil III, Abschn. 2).
62 Roth 2001, 436.
63 Singer 2004, 30 und 63.
64 Prinz 1996, 92.
65 Suppes 1994, 467.
66 Chisholm 1964, 82.
67 Kant, KrV B 478/A 450.
68 Chisholm 1964, 82.
69 Vgl. Kane 1996, 126.
70 Hans Kelsen: Reine Rechtslehre [1934], 2. Aufl. Wien 1960, 97.
71 Schlick 1930, 168.
72 Tugendhat 2007, 62.
73 BVerfGE 20, 323 (331) (Entscheidung des Bundesverfassungsgerichts vom 25. Okt. 1966).
74 Hans Welzel: Das Deutsche Strafrecht. Eine systematische Darstellung, 11. Aufl. Berlin 1969, 138.
75 Entscheidungen des Bundesgerichtshofs in Strafsachen 2, 200 (Urteil von 1952).
76 Vgl. z. B. Hans-Heinrich Jescheck: Lehrbuch des Strafrechts. Allgemeiner Teil, 4. Aufl., Berlin 1988, 368.
77 Claus Roxin: Strafrecht. Allgemeiner Teil, Bd. 1, München 2006, 861.
78 Merkel 2008, 9.
79 Vgl. Keil 2007, bes. 154–191.
80 In einem berühmten Experiment forderte der Neurophysiologe Benjamin Libet Versuchspersonen auf, zu einem selbst gewählten Zeitpunkt einen Finger zu krümmen, und fand heraus, dass die Bewegung im motorischen Kortex schon vorbereitet wird, bevor die Person meint, die Entscheidung gefällt zu haben. Vgl. Libet 1985.
81 Roth 2004, 78.
82 Roth 2006, 17.
83 Singer 2004, 63.
84 Ebd., 64.

85 Singer 2003, 34.
86 Roth 2006.
87 Merkel 2008, 126.
88 Ebd., 129.
89 Ebd., 130.
90 Immanuel Kant: Zum ewigen Frieden [1795], Weischedel-Werkausgabe, Bd. XI, Frankfurt am Main 1968, B 71/A 66.
91 Kant, KrV B 583/A 555.
92 Vgl. Kant, KpV A 5 Fn.
93 Ebd., A 52.
94 Kant, Akad.-Ausg. XXVIII.1, 255.
95 Genauer: Im Strafrecht berücksichtigt man solche Unterschiede gegebenenfalls bei der Strafzumessung innerhalb des normalen gesetzlichen Strafrahmens für unterlassene Hilfeleistung. – Unter bestimmten Bedingungen (große Kälte, starke Strömung) besteht für den Retter selbst Gefahr für Leib und Leben; von diesen Fällen ist hier nicht die Rede. Rechtlich geboten ist nur die Hilfeleistung, die »den Umständen nach zuzumuten« ist (§ 323 c StGB).
96 Aristoteles, Nik. Eth. III, 7, 1113 b 6.
97 Ich referiere hier den Ertrag des 3. Kapitels meines Buches *Handeln und Verursachen* (Keil 2000, 319–473).

Kommentierte Bibliografie

Einführungen, Überblicksdarstellungen und Sammelbände

Clarke, Randolph: Libertarian Accounts of Free Will, New York 2003.
Honderich, Ted: A Theory of Determinism, 2 Bde., Oxford 1988.
Honderich, Ted: Wie frei sind wir? Das Determinismus-Problem, Stuttgart 1995.
Kane, Robert (Hg.): The Oxford Handbook of Free Will, Oxford 2002.
Kane, Robert: »Introduction: The Contours of Contemporary Free Will Debates«, in: ders. (Hg.), The Oxford Handbook of Free Will, Oxford 2002, 3-41.
Kane, Robert: A Contemporary Introduction to Free Will, Oxford 2005.
Keil, Geert: Willensfreiheit, Berlin / New York 2007.
O'Connor, Timothy (Hg.): Agents, Causes and Events: Essays on Free Will and Indeterminism, Oxford 1995.
Pink, Thomas: Free Will. A Very Short Introduction, Oxford 2004.
Pothast, Ulrich (Hg.): Seminar: Freies Handeln und Determinismus, Frankfurt am Main 1978.
Seebaß, Gottfried: Artikel Wille/Willensfreiheit, in: Theologische Realenzyklopädie, Bd. XXXVI, Berlin / New York 2004, 55-73.
Seebaß, Gottfried: Willensfreiheit und Determinismus, Bd. 1: Die Bedeutung des Willensfreiheitsproblems, Berlin 2007.
Watson, Gary (Hg.): Free Will, Oxford / New York 1982, 2. Aufl. 2003.

Internetquellen

Der aktuelle Forschungssstand ist gut über das im Netz frei zugängliche englischsprachige Referenzwerk *Stanford Encyclopedia of Philosophy* zu erschließen (http://plato.stanford.edu). Siehe besonders die Artikel »Determinism«, »Fatalism«, »Foreknowledge and Free Will«, »Free Will«, »Hume on Free Will«, »Incompatibilist Theories of Free Will« und »Laws of Nature«.

Die von Ansgar Beckermann aufgebaute Seite »Willensfreiheit« erläutert Standardpositionen und enthält einen sehr informativen Überblickstext von Beckermann (http://www.philosophieverstaendlich.de/freiheit).

Die von Ted Honderich betreute »Determinism and Freedom Philosophy Website« enthält eine Sammlung klassischer und moderner Originaltexte (http://www.ucl.ac.uk/~uctytho/dfwIntroIndex.htm).

Klassische Texte

Aristoteles (Nik. Eth.): Nikomachische Ethik, übers. von E. Rolfes, bearb. von G. Bien, Philosophische Schriften, Bd. 3, Hamburg 1995.

Aristoteles (De Int.): Peri Hermeneias [De Interpretatione], übers. und erläutert von H. Weidemann, Berlin 1994.

Augustinus, Aurelius: Der freie Wille (De libero arbitrio), übers. von C. J. Perl, Paderborn 1972.

Cicero, Marcus Tullius (De fato): De fato – Über das Fatum, lat.-dt., hg. von K. Bayer, München 1963.

Descartes, René (Med.): Meditationen über die Grundlagen der Philosophie, mit den sämtlichen Einwänden und Erwiderungen, übers. von A. Buchenau, Hamburg 1994.

Hobbes, Thomas: Leviathan (1651), hg. von W. Molesworth, London 1839.

Hobbes, Thomas: Hobbes and Bramhall on Liberty and Necessity, hg. von V. Chappell, Cambridge 1999.

Hume, David: Ein Traktat über die menschliche Natur (1739), übers. von Th. Lipps, Bd. II, Hamburg 1978.

Hume, David: Eine Untersuchung über den menschlichen Verstand (1748), übers. von H. Herring, Stuttgart 1982, Abschnitte 7 und 8.

Kant, Immanuel (KrV): Kritik der reinen Vernunft (1781/87), Weischedel-Werkausgabe, Bde. III/IV, Frankfurt am Main 1968.

Kant, Immanuel (GMS): Grundlegung zur Metaphysik der Sitten (1785), Weischedel-Werkausgabe, Bd. VII, Frankfurt am Main 1968.

Kant, Immanuel (KpV): Kritik der praktischen Vernunft (1788), Weischedel-Werkausgabe, Bd. VII, Frankfurt am Main 1968.

Kant, Immanuel (Rel.): Die Religion innerhalb der Grenzen der bloßen Vernunft (1793), Weischedel-Werkausgabe, Bd. VIII, Frankfurt am Main 1968.

Leibniz, Gottfried Wilhelm: Neue Abhandlungen über den menschlichen Verstand (1704/65), übers. von E. Cassirer, Hamburg 1971, Buch II, Kap. 21.

Leibniz, Gottfried Wilhelm: Die Theodizee (1710), in: ders., Philosophische Schriften, Bd. 2, hg. und übers. von H. Herring, Frankfurt am Main 1996.

Locke, John: Über den menschlichen Verstand (1690), Hamburg 2000, Buch II, Kap. 21.

Mill, John Stuart: System der deductiven und inductiven Logik (1843), Braunschweig 1877, Bd. I.

Schopenhauer, Arthur: Über die Freiheit des menschlichen Willens (1839), in: ders., Sämtliche Werke, hg. von W. Löhneysen, Bd. III, Darmstadt 1962, 519–627.

Spinoza, Baruch: Ethik (1677), übers. von C. Vogl, Stuttgart 1976.

Thomas von Aquin, Summa Theologica (1266–1273), Salzburg/Leipzig 1933 ff., 1.II, Quaestiones 6–17.

Kommentare und Interpretationen zu klassischen Texten

Allison, Henry E.: Kant's Theory of Freedom, Cambridge / New York 1990.

Bobzien, Susanne: Determinism and Freedom in Stoic Philosophy, Oxford 1998.

Bojanowski, Jochen: Kants Theorie der Freiheit. Rekonstruktion und Rehabilitierung, Berlin / New York 2006.

Ebert, Theodor: »Die Stoa – Determinismus und Verantwortlichkeit«, in: A. Beckermann und D. Perler (Hg.), Klassiker der Philosophie heute, Stuttgart 2004, 59–79.

Forschner, Maximilian: Die stoische Ethik, Darmstadt 1995.

an der Heiden, Uwe und Helmut Schneider (Hg.): Hat der Mensch einen freien Willen? Die Antworten der großen Philosophen, Stuttgart 2007.

Jedan, Christoph: Willensfreiheit bei Aristoteles?, Göttingen 2000.

Keil, Geert: »Wo hat Kant das Prinzip vom nomologischen Charakter der Kausalität begründet?«, in: R.-P. Horstmann u. a. (Hg.), Kant und die Berliner Aufklärung. Akten des IX. Internationalen Kant-Kongresses, Berlin / New York 2001, Bd. IV, 562–571.

Long, Arthur A. und David N. Sedley (Hg.): Die hellenistischen Philosophen. Texte und Kommentare (1987), übers. von K. Hülser, Stuttgart/Weimar 2000.

Russell, Paul: »Hume on Free Will«, Stanford Encyclopedia of Philosophy (http://plato.stanford.edu/entries/hume-freewill/), Version vom 14.12.2007.

Sorabji, Richard: Necessity, Cause and Blame. Perspectives on Aristotle's Theory, London 1980.

Steinvorth, Ulrich: Freiheitstheorien in der Philosophie der Neuzeit, Darmstadt 1987, 2. Auflage 1994.

Weidemann, Hermann: Aristoteles, Peri hermeneias, übers. und erläutert von H. Weidemann, Berlin 1994, 223–328 (Kommentar zu Kap. 9).

Determinismus, Kausalität und Naturgesetze

Die hier aufgeführten wissenschaftstheoretischen und naturphilosophischen Texte behandeln den Zusammenhang von Determinismus, Kausalität und Naturgesetzen ohne Bezug auf das Freiheitsproblem.

Bishop, Robert C.: »Determinism and Indeterminism« (2005), PrePrint im PhilSciArchive (http://philsci-archive.pitt.edu/archive/00002324/01/Article.pdf).

Butterfield, Jeremy: »Determinism and Indeterminism«, in: E. Craig (Hg.), Routledge Encyclopedia of Philosophy, London / New York 1998, Bd. III, 33–39.

Cartwright, Nancy: How the Laws of Physics Lie, Oxford / New York 1983.

Earman, John: A Primer on Determinism, Dordrecht 1986.

Earman, John: »Determinism: What We Have Learned and What We Still Don't Know«, in: J. Campbell u. a. (Hg.), Freedom and Determinism, Cambridge, Mass. 2004, 21–46.

Hoefer, Carl: »Causal Determinism«, Stanford Encyclopedia of Philosophy (http://plato.stanford.edu/entries/determinism-causal/), Version vom 1.4.2008.

Hüttemann, Andreas: »Introduction: Determinism in Physics and

Biology«, in: ders. (Hg.), Determinism in Physics and Biology, Paderborn 2003, 9-18.

Keil, Geert: »How the Ceteris Paribus Laws of Physics Lie«, in: J. Faye u. a. (Hg.), Nature's Principles, Berlin / Heidelberg / New York 2005, 167-200.

Laplace, Pierre Simon: Philosophischer Versuch über die Wahrscheinlichkeit (1814), hg. von R. v. Mises, Leipzig 1932.

Popper, Karl Raimund: Das offene Universum. Ein Argument für den Indeterminismus (1982), Tübingen 2001.

Russell, Bertrand: »On the Notion of Cause« (1912), in: ders.: Mysticism and Logic, London 1918, 180-208.

Schlesinger, George: »Is Determinism a Vacuous Doctrine?«, British Journal for the Philosophy of Science 38 (1987), 339-346.

Positionen

(a) Kompatibilismus

Ayer, Alfred Jules: »Freedom and Necessity«, in: ders., Philosophical Essays, New York 1954, 3-20.

Bieri, Peter: Das Handwerk der Freiheit, München/Wien 2001.

Davidson, Donald: »Handlungsfreiheit« (1973), in: ders., Handlung und Ereignis, Frankfurt am Main 1985, 99-124.

Dennett, Daniel C.: Ellenbogenfreiheit (1984), Frankfurt am Main 1986.

Dennett, Daniel C.: Freedom Evolves, London 2003.

Fischer, John Martin: The Metaphysics of Free Will, Oxford 1994.

Fischer, John Martin und Mark Ravizza: Responsibility and Control, Cambridge 1998.

Frankfurt, Harry: »Alternate Possibilities and Moral Responsibility«, Journal of Philosophy 66 (1969), 829-839.

Frankfurt, Harry: »Freedom of the Will and the Concept of a Person«, Journal of Philosophy 68 (1971), 5-20.

Habermas, Jürgen: »Das Sprachspiel verantwortlicher Urheberschaft und das Problem der Willensfreiheit: Wie lässt sich der epistemische Dualismus mit einem ontologischen Monismus versöhnen?«, Deutsche Zeitschrift für Philosophie 54 (2006), 669-707.

Hobart, R. E.: »Free-Will as Involving Determinism and Inconceivable Without It«, Mind 43 (1934), 1-27.

Lohmar, Achim: Moralische Verantwortlichkeit ohne Willensfreiheit, Frankfurt am Main 2005.

McKenna, Michael: »Compatibilism«, Stanford Encyclopedia of Philosophy (http://plato.stanford.edu/entries/compatibilism/), Version vom 26. 4. 2004.

Moore, George Edward: Ethics, London 1912, Auszüge zit. nach: U. Pothast (Hg.), Seminar: Freies Handeln und Determinismus, Frankfurt am Main 1978, 142–156.

Pauen, Michael: Illusion Freiheit? Frankfurt am Main 2004.

Schlick, Moritz: »Wann ist der Mensch verantwortlich?« (Kap. VII aus: ders., Fragen der Ethik, Wien 1930), zit. nach: U. Pothast (Hg.), Seminar: Freies Handeln und Determinismus, Frankfurt am Main 1978, 157–168.

Strawson, Peter F.: »Freiheit und Übelnehmen« (1962), zit. nach: U. Pothast (Hg.), Seminar: Freies Handeln und Determinismus, Frankfurt am Main 1978, 201–233.

Tugendhat, Ernst: »Der Begriff der Willensfreiheit« (1987), in: ders., Philosophische Aufsätze, Frankfurt am Main 1992, 334–351.

Tugendhat, Ernst: »Willensfreiheit und Determinismus«, in: K. P. Liessmann (Hg.), Die Freiheit des Denkens, Wien 2007, 45–67.

Willaschek, Marcus: »DNS – Doch nicht schuldig? Zum Zusammenhang zwischen genetischer Disposition und persönlicher Verantwortung«, Jahrbuch für Wissenschaft und Ethik 7 (2002), 243–257.

Willaschek, Marcus: »Freiheit als Bedingung für Verantwortung. Ein kurzes Argument für den Kompatibilismus«, in: S. Mischer u. a. (Hg.), Auf Freigang. Metaphysische und ethische Annäherungen an die menschliche Freiheit, Münster 2003, 199–205.

(b) Libertarismus

Chisholm, Roderick M.: »Die menschliche Freiheit und das Selbst« (1964), zit. nach: U. Pothast (Hg.), Seminar: Freies Handeln und Determinismus, Frankfurt am Main 1978, 71–87.

Clarke, Randolph: »Toward a Credible Agent-Causal Account of Free Will«, in: T. O'Connor (Hg.), Agents, Causes and Events: Essays on Free Will and Indeterminism, Oxford 1995, 200–215.

Clarke, Randolph: Libertarian Accounts of Free Will, New York 2003.

Clarke, Randolph: »Incompatibilist (Nondeterministic) Theories of Free Will«, Stanford Encyclopedia of Philosophy (http://plato.

stanford.edu/entries/incompatibilism-theories/), Version vom 12.9.2008.

Ginet, Carl: »Könnte es sein, daß wir keine Wahl haben?« (1966), zit. nach: U. Pothast (Hg.), Seminar: Freies Handeln und Determinismus, Frankfurt am Main 1978, 115–133.

Ginet, Carl: »Libertarianism«, in: M. J. Loux und D. W. Zimmermann (Hg.), The Oxford Handbook of Metaphysics, Oxford 2003, 587–612.

van Inwagen, Peter: An Essay on Free Will, Oxford 1983.

van Inwagen, Peter: »Free Will Remains a Mystery«, in: R. Kane (Hg.), The Oxford Handbook of Free Will, Oxford 2002, 158–177.

Kane, Robert: The Significance of Free Will, Oxford / New York 1996.

Kane, Robert: »Two Kinds of Incompatibilism«, in: T. O'Connor (Hg.), Agents, Causes and Events, Oxford 1995, 115–150.

Keil, Geert: Willensfreiheit, Berlin / New York 2007.

O'Connor, Timothy: Persons and Causes. The Metaphysics of Free Will, New York / Oxford 2000.

O'Connor, Timothy: »Free Will«, Stanford Encyclopedia of Philosophy (http://plato.stanford.edu/entries/freewill/), Version vom 14.4.2005.

Rohs, Peter: »Libertarianische Freiheit«, in: S. Mischer u. a. (Hg.), Auf Freigang. Metaphysische und ethische Annäherungen an die menschliche Freiheit, Münster 2003, 39–60.

Wiggins, David: »Towards a Reasonable Libertarianism«, in: T. Honderich (Hg.), Essays on Freedom of Action, London 1976, 31–61.

(c) Harter Determinismus, Freiheitsskepsis und Illusionstheorien

Guckes, Barbara: Ist Freiheit eine Illusion?, Paderborn 2003.

Honderich, Ted: »Determinism as True, Compatibilism and Incompatibilism as False, and the Real Problem«, in: R. Kane (Hg.), The Oxford Handbook of Free Will, Oxford 2002, 461–476.

Pereboom, Derk: Living Without Free Will, Cambridge 2001.

Smilansky, Saul: Free Will and Illusion, Oxford 2001.

Strawson, Galen: Freedom and Belief, Oxford 1986.

Strawson, Galen: »The Bounds of Freedom«, in: R. Kane (Hg.), The Oxford Handbook of Free Will, Oxford 2002, 441–460.

Wegner, Daniel M.: The Illusion of Conscious Will, Cambridge, Mass. 2002.

(d) Epistemischer Indeterminismus

MacKay, Donald: »Freiheit des Handelns in einem mechanistischen Universum«; zit. nach: U. Pothast (Hg.), Seminar: Freies Handeln und Determinismus, Frankfurt am Main 1978, 303–321.

Planck, Max: »Vom Wesen der Willensfreiheit« (1936), zit. nach: U. Pothast (Hg.), Seminar: Freies Handeln und Determinismus, Frankfurt am Main 1978, 272–293.

Walde, Bettina: Willensfreiheit und Hirnforschung. Das Freiheitsmodell des epistemischen Libertarismus, Paderborn 2006.

(e) Fatalismus und logischer Determinismus

Bernstein, Mark: »Fatalism«, in: R. Kane (Hg.), The Oxford Handbook of Free Will, Oxford 2002, 65–81.

Ryle, Gilbert: »It was to Be«, in: ders., Dilemmas, Cambridge 1954, 15–35.

Taylor, Richard: »Fatalism«, Philosophical Review 71 (1962), 56–66.

Zagzebski, Linda T.: »Foreknowledge and Free Will«, Stanford Encyclopedia of Philosophy (http://plato.stanford.edu/entries/freewill-foreknowledge/), Version vom 13. 3. 2008.

Willensfreiheit und Hirnforschung

Beckermann, Ansgar: »Neuronale Determiniertheit und Freiheit«, in: K. Köchy und D. Stederoth (Hg.), Willensfreiheit als interdisziplinäres Problem, Freiburg/München 2006, 298–304.

Fink, Helmut und Rainer Rosenzweig (Hg.): Freier Wille – frommer Wunsch? Gehirn und Willensfreiheit, Paderborn 2006.

Geyer, Christian (Hg.): Hirnforschung und Willensfreiheit. Zur Deutung der neuesten Experimente, Frankfurt am Main 2004.

Goschke, Thomas: »Der bedingte Wille: Willensfreiheit und Selbststeuerung aus der Sicht der kognitiven Neurowissenschaft«, in: K.-J. Grün und G. Roth (Hg.), Das Gehirn und seine Freiheit, Göttingen 2006, 107–156.

Heidelberger, Michael: »Freiheit und Wissenschaft. Metaphysische Zumutungen von Verächtern der Willensfreiheit«, in: E.-M. Engels und E. Hildt (Hg.), Neurowissenschaften und Menschenbild, Paderborn 2005, 195–219.

Libet, Benjamin: »Unconscious Cerebral Initiative and the Role of

Unconscious Will on Voluntary Action«, Behavioral and Brain Sciences 8 (1985), 529–567.

Libet, Benjamin: »Do We Have Free Will?«, Journal of Consciousness Studies 6 (1999), Nr. 8–9, 47–57.

Libet, Benjamin: Mind Time. Wie das Gehirn Bewusstsein produziert, Frankfurt am Main 2005.

Prinz, Wolfgang: »Freiheit oder Wissenschaft?«, in: M. von Cranach und K. Foppa (Hg.), Freiheit des Entscheidens und des Handelns, Heidelberg 1996, 86–103.

Prinz, Wolfgang: »Kritik des freien Willens. Psychologische Bemerkungen«, Psychologische Rundschau 55 (2004), 198–206.

Rosenthal, David: »The Timing of Conscious States«, Consciousness and Cognition 11 (2002), 215–220.

Roth, Gerhard: Fühlen, Denken, Handeln. Wie das Gehirn unser Verhalten steuert, Frankfurt am Main 2001.

Roth, Gerhard: »Worüber dürfen Hirnforscher reden – und in welcher Weise?«, in: C. Geyer (Hg.), Hirnforschung und Willensfreiheit, Frankfurt am Main 2004, 66–85.

Searle, John R.: Freiheit und Neurobiologie, Frankfurt am Main 2004.

Singer, Wolf: Ein neues Menschenbild? Gespräche über Hirnforschung, Frankfurt am Main 2003.

Singer, Wolf: »Verschaltungen legen uns fest: Wir sollten aufhören, von Freiheit zu sprechen«, in: C. Geyer (Hg.), Hirnforschung und Willensfreiheit, Frankfurt am Main 2004, 30–65.

Thorp, John: Free Will. A Defence Against Neurophysiological Determinism, London 1980.

Walde, Bettina: Willensfreiheit und Hirnforschung. Das Freiheitsmodell des epistemischen Libertarismus, Paderborn 2006.

Walter, Henrik: Neurophilosophie der Willensfreiheit, Paderborn 1999.

Willensfreiheit und Strafrecht

Burkhardt, Björn: »Freiheitsbewußtsein und strafrechtliche Schuld«, in: A. Eser u. a. (Hg.), Festschrift für Th. Lenckner, München 1998, 3–24.

Dreher, Eduard: Die Willensfreiheit. Ein zentrales Problem mit vielen Seiten, München 1987.

Kroeber, Hans-Ludwig: »Steuerungsfähigkeit und Willensfreiheit aus psychiatrischer Sicht«, in: H.-L. Kröber u. a. (Hg.), Handbuch der Forensischen Psychiatrie, Darmstadt 2007, 159-218.

Lampe, Ernst-Joachim, Michael Pauen und Gerhard Roth (Hg.): Willensfreiheit und rechtliche Ordnung, Frankfurt am Main 2008.

Merkel, Reinhard: Willensfreiheit und rechtliche Schuld, Baden-Baden 2008.

Roth, Gerhard: »Willensfreiheit und Schuldfähigkeit aus Sicht der Hirnforschung«, in: G. Roth und K.-J. Grün (Hg.), Das Gehirn und seine Freiheit, Göttingen 2006, 9-27.

Walter, Henrik: »Sind wir alle vermindert schuldfähig? Zur Neurophilosophie der Verantwortlichkeit«, in: S. Barton (Hg.), »... weil er für die Allgemeinheit gefährlich ist!« Prognosegutachten, Neurobiologie, Sicherungsverwahrung, Baden-Baden 2006, 309-334.

Weitere Forschungsliteratur

Austin, John L.: »›Falls‹ und ›Können‹« (1956), zit. nach: U. Pothast (Hg.), Seminar: Freies Handeln und Determinismus, Frankfurt am Main 1978, 169-200.

Keil, Geert: Handeln und Verursachen, Frankfurt am Main 2000.

Mele, Alfred R.: Free Will and Luck, Oxford 2006.

Nida-Rümelin, Julian: Über menschliche Freiheit, Stuttgart 2005.

Pothast, Ulrich: Die Unzulänglichkeit der Freiheitsbeweise, Frankfurt am Main 1987.

Schnädelbach, Herbert: »Vermutungen über die Willensfreiheit«, in: ders., Vernunft und Geschichte. Vorträge und Abhandlungen, Frankfurt am Main 1987, 96-124.

Seebaß, Gottfried: Handlung und Freiheit. Philosophische Aufsätze, Tübingen 2006.

Suppes, Patrick: »Voluntary Motion, Biological Computation, and Free Will«, Midwest Studies in Philosophy 19 (1994), 452-467.

Wolf, Susan: Freedom Within Reason, Oxford 1990.

von Wright, Georg Henrik: »Freedom and Determination«, Acta Philosophica Fennica 31 (1980), 5-88.

Schlüsselbegriffe

Akteurskausalität Neben der gewöhnlichen Kausalität zwischen Ereignissen nehmen einige Libertarier eine zweite Art von Kausalität an, bei der die handelnde Person die Rolle der Ursache spielt. Wenn Handlungen durch Personen verursacht werden, sind sie nicht durch Ereignisse verursacht.

Determinismus Lehre, dass der gesamte Weltlauf durch Naturgesetze und Anfangsbedingungen (alternativ: durch Gott oder durch das Schicksal) ein für alle Mal festgelegt ist.

Fatalismus Auffassung, dass jede Anstrengung zwecklos ist, weil die Zukunft durch das Schicksal (lat. *fatum*) schon festgelegt ist.

Gesetzesskepsis Wissenschaftstheoretische Auffassung, der zufolge es keine uneingeschränkt wahren *Immer-wenn-dann*-Sätze über empirische Regularitäten gibt. Alle Kandidaten für Kausalgesetze würden durch Gegenbeispiele falsifiziert.

Handlungsfreiheit Freiheit, zu tun, was man will, das heißt, nicht an der Verwirklichung seines Willens gehindert zu werden.

Indeterminismus Verneinung des Determinismus.

Inkompatibilismus Lehre der Unvereinbarkeit von Willensfreiheit und Determinismus.

Kausalprinzip Prinzip, dass jedes Ereignis eine Ursache hat.

Kompatibilismus Lehre der Vereinbarkeit von Willensfreiheit und Determinismus. Der *deterministische* Kompatibilismus hält den Determinismus für wahr, der *agnostische* Kompatibilismus bleibt hinsichtlich dieser Frage unentschieden, weil er sie für irrelevant hält.

Konditionale Analyse des Könnens Meint die von Moore vertretene Auffassung, dass »Er hätte anders handeln können« nichts anderes bedeute als »Er hätte anders gehandelt, wenn er sich dazu entschieden hätte«. Dieses Verständnis des Anderskönnens ist mit dem Determinismus vereinbar und wird zur Stützung des Kompatibilismus verwendet.

Konsequenzargument Argument, bei dem aus der deterministischen Prämisse, dass unsere Handlungen aus Naturgesetzen und vergangenen Ereignissen folgen, und der weiteren Prämisse, dass wir weder die Naturgesetze noch die Vergangenheit ändern können, geschlossen wird, dass auch unsere Handlungen nicht in unserer Macht stehen. Das Konsequenzargument ist ein Argument für den Inkompatibilismus und wird sowohl von Libertariern als auch von harten Deterministen verwendet. Der harte Determinist akzeptiert die Konklusion, der Libertarier lehnt den in der ersten Prämisse angenommenen Determinismus und deshalb auch die Konklusion ab.

Laplacescher Dämon Vom französischen Mathematiker Laplace (1814) angestelltes Gedankenexperiment: Wenn der Determinismus wahr ist, kann ein superintelligentes Wesen, das einen Momentanzustand des Universums und alle Naturgesetze kennt und eine gigantische Rechenkapazität besitzt, die Zukunft mit beliebiger Genauigkeit vorausberechnen.

Libertarismus (auch Libertarianismus) Die libertarische Freiheitsauffassung ist eine Verbindung mehrerer Teilthesen: (a) Determinismus und Willensfreiheit sind unvereinbar, (b) der menschliche Wille ist frei, (c) der Determinismus ist falsch. Unter »Willensfreiheit« versteht der Libertarier das Vermögen, unter gegebenen Bedingungen so oder anders zu entscheiden.

Logischer Determinismus Auffassung, dass die Zukunft allein dadurch feststeht, dass Aussagen über zukünftig Geschehendes jetzt schon einen Wahrheitswert haben.

Positive und negative Freiheit Negative Freiheit ist die Freiheit *von* etwas, beispielsweise von Hinderungen, Zwängen oder »bestimmenden Ursachen« (Kant). Positive Freiheit ist die Freiheit *zu* etwas, also genau genommen ein Vermögen. (Die Erläuterung orientiert sich an

Kant. Isaiah Berlins einflussreiche Erläuterung von »positiver Freiheit« weicht deutlich davon ab.)

Prinzip der alternativen Möglichkeiten Allgemein: die These, dass an jedem Punkt des Weltgeschehens mehrere Möglichkeiten des Weiterverlaufs bestehen. Auf das Freiheitsproblem angewandt: die These, dass Personen unter gegebenen Bedingungen so oder anders entscheiden und handeln können.

Psychologischer Determinismus Auffassung, dass Entscheidungen und Handlungen durch gegenwärtige Motive und den Charakter der Person festgelegt sind.

Schuldprinzip (inkl. Schuldfähigkeit, -minderung, -ausschluss) Strafrechtliches Prinzip, dem zufolge eine Bestrafung ohne persönliche Schuld unzulässig ist (*nulla poena sine culpa*). *Schuldfähig* ist nach dem deutschen Strafrecht ein Täter, der bei Begehung der Tat einsichts- und steuerungsfähig war. War diese Fähigkeit gemindert oder verloren, ist entsprechend die Schuld gemindert oder ausgeschlossen (§§ 20-21 StGB).

Suspensionsvermögen Von John Locke beschriebenes Vermögen, vor der Umsetzung eines Wunsches innezuhalten und noch einmal sorgfältig zu prüfen, was zu tun alles in allem das Beste ist.

Theologischer Determinismus Auffassung, dass der gesamte Weltlauf durch Gottes Willen oder Befehl vorherbestimmt ist (auch »Prädestinationslehre« genannt).

Willensfreiheit Es gibt keine allgemein akzeptierte Definition der Willensfreiheit. In diesem Buch wird unter Willensfreiheit die Fähigkeit zur hindernisüberwindenden Willensbildung verstanden, welche ein So-oder-anders-Können unter gegebenen Bedingungen erfordert.

Zufallseinwand Einwand gegen die libertarische Freiheitsauffassung: Eine indeterminierte Wahl könne auch nicht vom Handelnden bestimmt sein und wäre deshalb von einem Zufallsereignis ununterscheidbar. Eine bloß zufällig geschehende Wahl wäre unerklärlich und irrational, was ihre Zurechnung gerade ausschlösse.

Zeittafel

Antike

Die antike griechische Philosophie hat kein eigenes Wort, das sich mit »Willensfreiheit« übersetzen ließe. Für Platon (427–347 v. Chr.) obliegt es dem vernünftigen Seelenteil, die Begierden im Zaum zu halten; diese Auffassung würde durch eine freiheitstheoretische Reformulierung nur verzerrt. Aristoteles (384–322 v. Chr.) entwirft im dritten Buch seiner *Nikomachischen Ethik* eine Handlungstheorie und Zurechnungslehre, die das überlegte Streben nach dem, was in unserer Macht steht (*prohairesis*), in den Mittelpunkt stellt. Unfreiwillig ist für Aristoteles, was aus Zwang oder Unwissenheit geschieht. Dies ist aber in moderner Terminologie eher eine Bemerkung zur Handlungs- als zur Willensfreiheit. Die Stoiker (ca. 300 v. Chr.–200 n. Chr.) lehren, dass in der Natur alles »durch das Fatum« oder »aus Notwendigkeit« geschieht. Der stoische Weise lebt im Einklang mit der Natur, lehnt sich also nicht gegen das Unabänderliche auf. Zugleich bedarf es aber nach Chrysipp stets noch der Zustimmung des Menschen zu seinem Handlungsimpuls. Mit der Frage, wie dieses Vermögen der Zustimmung mit der Lehre von der Notwendigkeit zusammenpasst, setzt die stoische Philosophie das Vereinbarkeitsproblem auf die Tagesordnung.

Spätantike und Mittelalter

In der Spätantike geben Augustinus (354–430) und Boëthius (480–524) dem Vereinbarkeitsproblem eine theologische Wendung. Diskutiert wird nun die Frage, wie die Willensfreiheit mit der christlichen Lehre von Gottes Allwissen und Allmacht zusammenpasst. Wenn Gott vorab weiß, wie wir uns entscheiden werden, wie kann dann die Entscheidung und insbesondere die Verantwortung für unsere bösen Taten bei uns liegen? Einige Philosophen leugnen schlicht die Willensfreiheit, während Boëthius eine subtile Vereinbarkeitslösung vorschlägt, die die Diskussion auf Jahrhunderte bestimmt. Die wichtigsten weiteren Beiträge zu dieser Debatte stammen von Anselm von Canterbury (11. Jh.), Bonaventura, Duns Scotus, Thomas von Aquin (13. Jh.), Wilhelm von Ockham (14. Jh.) und Lorenzo Valla (15. Jh.).

Frühe Neuzeit: Rationalismus

Im 16. Jahrhundert setzen die spanischen Neuscholastiker Molina und Suárez den Streit um die Prädestinationslehre fort. Im 17. Jahrhundert verlieren die theologischen Aspekte des Freiheitsproblems allmählich an Bedeutung. An die Stelle der göttlichen Vorherbestimmung treten – im Empirismus stärker als im Rationalismus – Annahmen über die naturgesetzliche Determination des Weltlaufs. René Descartes (1596–1650) bestimmt den Willen als das Vermögen der Ja/Nein-Stellungnahme zu einer gegebenen Handlungsoption. Er vertritt eine Indifferenzauffassung der Freiheit, der zufolge man selbst den besten Gründen für eine Handlung seine Zustimmung verweigern und sich für das Gegenteil entscheiden kann. Folgenreicher ist Descartes' dualistische Bestimmung des Verhältnisses von Geist und Körper. Obwohl der Geist als denkende Substanz nicht der Körperwelt angehört, kann er kausal auf sie einwirken. Für Baruch de Spinoza (1632–1677) ist die Indifferenzfreiheit eine Illusion. Der Mensch ist Teil der Natur und hält seinen Willen nur deshalb für frei, weil er dessen Ursachen nicht kennt. Spinozas eigenem Freiheitsbegriff zufolge ist der Mensch frei, wenn er seine Affekte beherrscht und sich von der Vernunft leiten lässt. Gottfried Wilhelm Leibniz (1646–1716) war nach heutiger Terminologie Kompatibilist. Da nichts ohne zureichenden Grund geschieht, kann es auch keine grundlose Wahl geben. Indifferenzfreiheit ist illusionär und auch nicht erstrebenswert, denn die wahre Freiheit besteht darin, vernünftigen Gründen zu folgen.

Frühe Neuzeit: Empirismus

Thomas Hobbes (1588–1679) war Materialist, Mechanist und Determinist. Den Menschen fasst er als Teil der Körperwelt auf, in der es nur mechanische Ursachen gibt. Naturgesetze machen alles Geschehen notwendig, so auch das menschliche Wollen. Frei nennt Hobbes denjenigen, der nicht daran gehindert wird, seinen Willen in die Tat umzusetzen. Damit beschränkt er die Freiheit auf die kompatibilistisch aufgefasste Handlungsfreiheit. Der Bischof John Bramhall hält Hobbes in einer berühmten Kontroverse entgegen, die kompatibilistische Freiheit sei nicht die »wahre«, die die Grundlage für Moral und Religion bildet. John Locke (1632-1704), der erste Hauptvertreter des britischen Empirismus, war ebenfalls Kompatibilist. Seinen Determinismus begründet er allerdings nicht physikalisch, sondern psychologisch: Menschen streben nach Lust, wobei das jeweils drängendste Unbehagen das Handeln bestimmt. Zusätzlich nimmt Locke ein willentliches Vermögen an, bei der Verfolgung eines Wunsches innezuhalten und die Ausführung von einer vernünftigen Prüfung abhängig zu machen. An dieses Suspensionsvermögen knüpfen bis heute viele Freiheitstheoretiker an.

18. Jahrhundert: Hume und Kant

David Hume (1711-1776) bringt den Kompatibilismus mit seiner Rede von einem »reconciling project with regard to the question of liberty and necessity« auf den Begriff. Die Notwendigkeit fasst Hume empiristisch, genau genommen sogar psychologisch auf: Wir beobachten in der Natur die regelmäßige Aufeinanderfolge von Phänomenen und bilden dadurch die Gewohnheit, beim Auftreten von *A* auch in Zukunft die Folge *B* zu erwarten. Im Rahmen dieser Regularitätsauffassung der Kausalität sind menschliche Handlungen ebenso gut voraussagbar wie andere Naturereignisse. Menschen, deren Entscheidungen nicht durch ihren Charakter bestimmt wären, wären unberechenbar und nicht durch Strafe und Lob zu beeinflussen. Immanuel Kant (1724-1804) verschärft das Vereinbarkeitsproblem zur »Freiheitsantinomie«: In der empirischen Welt fallen alle Ereignisse, also auch Handlungen, unter deterministische Kausalgesetze. Zugleich nehmen wir an, dass wir Handlungen »von selbst anfangen« können. Kant löst den Widerspruch auf, indem er der Naturkausalität eine zweite Art von Kausalität zur Seite stellt. Diese »Kausalität aus Freiheit« gibt es aber nur in der intelligiblen Welt, nicht in der empirischen. Die Auflösung der Antinomie steht und fällt mit Kants Unterscheidung zwischen Erscheinungswelt und intelligibler Welt.

In seiner praktischen Philosophie fügt Kant das Prinzip »Du kannst, weil du sollst« hinzu: Manche Handlungen sind unbedingt geboten, also müssen wir fähig sein, das Gebotene auch gegen unsere Neigungen zu tun. Wir können nicht anders als unter der Idee der Freiheit handeln, auch wenn wir die Freiheit in der theoretischen Philosophie nicht beweisen können. – Von den Philosophen des deutschen Idealismus verfasst allein Friedrich Wilhelm Joseph Schelling (1775–1854) eine eigene Freiheitsschrift; diese enthält hochspekulative Gedanken zum Verhältnis von Gott und Schöpfung und zur Herkunft des Bösen, ist aber nur schwer an die überkommene Debatte über Willensfreiheit und Determinismus anschließbar.

19. Jahrhundert

Im 19. Jahrhundert kommt die Debatte über Willensfreiheit und Determinismus nicht wesentlich voran, weil sich der philosophische Zeitgeist von der Metaphysik abwendet. Karl Marx ist mehr an bürgerlicher und politischer Freiheit interessiert; dasselbe gilt für John Stuart Mill, den Nachzügler unter den britischen Empiristen. Feuerbach und Nietzsche setzen sich metaphysik- und ideologiekritisch mit den Freiheitsbegriffen der idealistischen Philosophie auseinander. Arthur Schopenhauer (1788–1860) vertritt einen psychologischen Determinismus, dem zufolge der Mensch tun kann, nicht hingegen wollen kann, was er will, da sein Charakter und das jeweils vorherrschende Motiv den Willen festlegen. – In der Naturphilosophie werden im 19. Jahrhundert materialistische, mechanistische und deterministische Theorien zu Weltbildern verallgemeinert. Den universalen Determinismus erläutert der Mathematiker Pierre Simon de Laplace (1749–1827) über die Idee der Berechenbarkeit: In einer deterministischen Welt lässt sich die Zukunft im Prinzip mit beliebiger Genauigkeit vorausberechnen (laplacescher Dämon).

20. Jahrhundert

Den Hauptstrang der Freiheitsdebatte im 20. Jahrhundert bildet das Vereinbarkeitsproblem, wobei sowohl im kompatibilistischen als auch im inkompatibilistischen Lager die Positionen und Argumente verfeinert werden. Viele Kompatibilisten berufen sich auf die konditionale Analyse des Könnens von George Edward Moore (1873-1958), der zufolge »Er hätte anders handeln können« nichts anderes bedeutet als »Er hätte anders gehandelt, wenn er sich dazu entschieden hätte«. Peter F. Strawson (1919-2006) argumentiert, dass unsere moralischen Einstellungen zu anderen Personen völlig unabhängig davon sind, ob wir den Determinismus für wahr halten. Damit vertritt er einen *agnostischen* Kompatibilismus, der sich auch in der Strafrechtslehre verbreitet. Harry G. Frankfurt versucht mithilfe eines subtilen Gedankenexperiments zu zeigen, dass wir andere Personen auch dann moralisch verantwortlich machen, wenn sie nicht anders entscheiden konnten. Weitere Kompatibilisten sind Schlick, Ayer, Davidson und Dennett. Erst im letzten Drittel des Jahrhunderts gewinnen inkompatibilistische Auffassungen wieder an Boden. Harte Deterministen, die die Freiheit leugnen, sind Honderich und Pereboom. Die wichtigsten Libertarier sind Chisholm, van Inwagen, Ginet, Kane, Clarke und O'Connor. Viele Libertarier begründen ihre Position durch die Annahme einer zusätzlichen Art von Kausalität: Nicht nur Ereignisse, sondern auch handelnde Personen könnten etwas verursachen (»agent causality«). Dabei wird der Geist-Körper-Dualismus mit wenigen Ausnahmen (Popper und Eccles) abgelehnt. Seit den 1980er-Jahren werden Befunde der Neurowissenschaften in die Freiheitsdebatte eingeführt. Einige Autoren interpretieren die Experimente von Benjamin Libet (1916-2007) zur willentlichen Handlungssteuerung im Sinne einer empirischen Widerlegung der Willensfreiheit. – Bei Husserl und Heidegger hat der Begriff der Willensfreiheit kein systematisches Gewicht, ebenso wenig in der Kritischen Theorie der Frankfurter Schule. Unter den Strömungen der nichtanalytischen Gegenwartsphilosophie sieht allein der französische Existenzialismus eine prominente Rolle für den Freiheitsbegriff vor. Nach Jean-Paul Sartre (1905-1980) entwirft sich der Mensch als der, der er sein will, wobei er mit allem Vorgegebenen brechen kann: mit Traditionen und Normen, mit religiösen und weltlichen Autoritäten, selbst mit seiner eigenen Vergangenheit. Nur an einem kann er nichts ändern: an seiner radikalen Freiheit. Er ist verurteilt, frei zu sein.